구도 求道

길

을

청

하

다

구도 求道

길
을

청
하
다

맑은소리
맑은나라

마음이   맑고   고요하기를   바란다

에필로그 Epilogue

김윤희 / 맑은소리맑은나라 대표

이로운 삶으로
가는 지침서,
〈求道〉

마당 있는 집에 살고 있는 명노^{茗奴} 선생 댁을 찾은 것은 몇 해 전의 일이었다. 오랜 차인^{茶人}의 차 이야기와 삶의 궤적을 듣기 위해서였다. 과연 선생의 집은 오래되어 기품 있는, 하여 세수 팔순을 넘긴 어른의 삶이 담긴 흔적이 곳곳에서 발견되었다. 선친 이전부터 살아왔다는 300년 된 집에서 선생은 차^茶 보다 진한 사람의 향기를 피워내고 있었다.

명노 선생은 한창 때, 기자생활을 했다. 그것도 사회부, 정치부 기자를 지냈기에 차를 우려내는 차인^{茶人}의 삶과는 좀처럼 거리가 먼 직업군에 속해 있었다.
그럼에도 부산의 중심상권인 광복동에서 세인들의 미각을 차향으로 채워주며 마음까지 씻어주는 찻집 죽로다원은 명노^{茗奴}라는 이름을 세간과 출세간에 알린 출발지이자, 목적지이었다.
선생은 단순, 차를 보급한 것이 아니라, 차의 대중화에 앞장

섰으며 다도 교육을 일궈낸 어른이다. 좋은 차를 좋은 사람과 나누며 양질의 삶을 완성시키는 여정에서 그는 늘 선두 대열에 있었다.

투박한 듯 하나, 결코 투박하지 않은 모습으로 울림 있는 삶을 가꿔나가는 길에는 늘 그가 함께였다. 그러니, 한 시대를 풍미했던 어른들 사이에서 명노 선생은 빠지지 않는 '사람'으로, 만인의 '도반'으로 곁을 지키는 수문장 같은 그였다.

세수 여든을 훌쩍 넘기신 선생은 코로나19가 만연하기 전부터 코로나 팬데믹으로 살아가는 현재까지 전국의 다인들과 일반인들에게 인생 선배로써 강의를 이어왔다. 바로 그 다양한 강의 내용을 차곡차곡 정리하여 나의 사무실을 찾아오셨다.

"부끄럽지만 강의 내용을 책으로 한 번 엮어볼까 합니다. 이젠 내 삶을 징리해야 하는 시간이 가까이 오고 있습니다."라며 원고뭉치를 내놓으셨다.

내용은 다양했다.

그리고 적지 않은 독서량이 느껴지는 원고였다. 무엇보다 포맷이 제각각인 원고를 같은 주제로 뽑아 챕터를 분리하는 일이 조금 집중해야 하는 부분이었다. 명노 선생께서는 아주 많이 송구함을 내비치셨다.

명절을 지내며 교정을 보고, 몇 차례 교열과 윤문을 번갈아 가는 동안, 선생은 이런 전화를 해 오셨다. "내가 썼지만 글이 너무 부족해. 정말 부끄러운 글인데, 출판을 해도 괜찮을까?"라고 겸양의 말씀을 건네셨다.

그즈음,
어느 선지식께서 선생의 책을 준비하고 있다는 내용을 접하시곤, "명노 선생님, 이제 책을 내실만한 시기이십니다. 다인으로 사신 삶을, 인생 선배로서의 삶을 후학들에게 들려줘도 충분히 괜찮으신 어른이시지요."라고 응원을 보내셨다. 더불어 기뻤다.

지난 겨울부터 봄빛이 따사로운 이 춘삼월에 이르기까지 명노茗奴 선생과 그의 아내 만감萬甘은 늘 함께였다. 책의 제목 〈求道〉는 '도를 구하다.'라는 의미 보다는 여실히 들여다보면, 만사에 도道 아님이 없고, 모든 근원으로 돌아간다는 의미를 부여한 것이다. 그만큼 눈앞에 주어지는 모든 일들을 여실관찰如實觀察 해야 함을 웅변한 것이다.

원고를 받아든 겨울에서 지금은 책의 출간을 앞둔 온기 가득해지는 봄날에 와 있다. 노구를 느끼지 않으며 후학들을 위해 차를 일러주고 클래식 음악을 들으며, 마당의 꽃과 유실수를 돌보는 명노茗奴선생과 그의 아내 만감萬甘여사가 사뭇 아름답다.

청매靑梅 향을 맡게 해 준 이 이른 봄날, 〈구도〉의 출간이 세상을 이롭게 하는 '삶의 지침서'임을 책장을 넘기면 알게 될 것이다.

여는 글

본래 맑고 고요하다

인간은 본래 맑고 고요하며 완전원만합니다. 이 세상에 태어나 살아가면서 점점 세상사에 물들어 탁하고 둔하게 되어 흐려집니다.

불가佛家 선禪의 화두話頭중에 '부모 미생전의 자기 모습을 보라'는 말이 있습니다. 세상에 태어나기 이전의 자기 마음 모습은 아직 세상사에 물들지 않아 아주 맑고 고요하다는 것을 알아차리랍니다.

자기 마음이 탁하고 흐림을 깨닫고 다시 맑고 깨끗하며 흔들리지 않는 마음의 고요를 찾는 일이 수행修行이라고 믿고 있습니다.

내가 지금까지 살아온 팔십여생이 수행의 여정旅程입니다. 이 세상에 수행하러 온 것 같이 느껴집니다. 어려서부터 수행한다는 것을 느끼거나 수행생활을 한 것은 아닙니다.

그저 '잘 살아야지, 바르게 살아야지'라고 막연하게 그렇게 생각했습니다.

아무튼 '바르게 살아야지, 참되고 성실하게 살아야지' 하고 마음속에 다짐하며 살아왔습니다. 그러나 실제로는 나는 게으르고 실천력이 부족했습니다. 남과 잘 어울리지도 못하고 포용력도 모자랐습니다. 내가 가장 아쉬워하는 부분입니다.

젊었을 때는 무심無心이 도道인 줄 몰랐습니다. 그저 열심히 무언가를 해야했습니다.

지금은 나이가 들어서 그런지 그저 무심無心의 상태가 편안하고 좋습니다. 마음이 맑고 고요하기를 바랍니다. 그것이 본래 마음의 모습이라고 믿습니다. 평생 내 삶이 수행의 연속이었습니다. 이 세상을 떠날 때까지 수행은 계속될 것입니다.

이 책은 평소 내가 죽로다문화회 회원들에게 또는 외부에 나가서 틈틈이 강의한 내용을 모아 간추린 것입니다. 차에 관한 부분은 지난 2017년 출간한 저서 『차는 재미있다』에 실려있어 취급하지 않았습니다.

나는 이 책을 쓰면서 인간은 우리는 나는 어떻게 살아야 하는지, 왜 무엇 때문에 그렇게 살아야 하는가를 끊임없이 추구하고 싶었습니다.

독자인 여러분, 당신에게 도움이 되었으면 합니다.

책 발간에 도움주신 '맑은소리맑은나라' 김윤희 대표 외 여러분 그리고 죽로다문화회 만향 송정악회장을 비롯해 여러 회원님의 도움을 고맙게 생각합니다. 아울러 서울의 자명慈茗 최은진 다인茶人과 우리 가족들에게도 고마움을 표합니다.

차례

에필로그 07

여는글 13

제1장 인생은 아름다워라

인생은 아름다워라 20

남은 인생 멋지게 살자 33

죽음에 대하여 - '삶 뒤에는' 35

섣달 그믐날 보차^{普茶}의 가르침 44

제2장 감사의 삶, 행복바라기

자신이 무한한 능력자다 52

건강한 삶을 위하여 67

모든 것에 감사하자 79

행복을 바라는 기도 94

제3장 우주 만물은 하나이다

우주 만물은 하나이며 나 자신이다 110

신神과의 만남 112

정심행, '마음을 맑게하는 행위' 130

생심을 갖고 유지하기 150

제4장 깨달음, 그 가르침의 길에서

일체유심조一切唯心造 168

참선參禪 173

수행修行과 기도祈禱 그리고 깨어있음 178

이 뭣꼬[是甚摩]? 182

인생은
아름다워라

사람은 누구나 똑같이 무한한 능력을 지니고 있습니다.
다만 그것을 나타내는 모양과 정도가 사람마다 다를 뿐입니다.

인생은
아름다워라

인생은 참으로 멋진 것입니다. 그것은 기쁨과 즐거움으로 가득 찬 행복의 도가니입니다. 아무리 환희하고 찬탄해도 결코 넘치거나 모자라지 않습니다. 우리가 살아가는 이 세상은 너무나 영롱하고 아름다운 사랑의 꽃밭, 영원불멸한 생명의 용트림으로 가득 차 있습니다.

나 자신을 제대로 바로 알아 바른 생각을 하고 그것을 풍부하게 나타내기만 하면 행복덩어리의 멋진인생은 실현됩니다. 인간^{人間}인 나는 본성^{本性}이 이미 완전원만^{完全圓滿}하고 전지전능^{全知全能}하며 영원불멸인 신성^{神性}임을 알 때 참으로 행복해집니다. 인간^{人間}은 일체가 생명의 가장 높은 나타남이며 그 생명^{生命}의 원^{源}은 우주^{宇宙}에 가득 차 있는 불가사이한 힘이며 기^{氣}입니다.

사람은 누구나 똑같이 무한한 능력을 지니고 있습니다. 다만 그것을 나타내는 모양과 정도가 사람마다 다를 뿐입니다. 그 차이를 결정짓는 것은 다름아닌 그 사람의 생각과 마음의 움직임입니다. 마치 본성은 태양처럼 그 빛이 찬란하며 밝고 맑으나 구름이 하늘을 가려 흐려지고 비가 오는 것이나 같은 이치입니다.

태양에 비유되는 본성은 완전원만하며 전지전능한 영원불멸의 성품을 말합니다. 구름에 비유되는 혼탁으로 오염된 모습은 허상으로 마음의 작용이 허상으로 구체화된 것이 번뇌망상입니다. 번뇌망상은 허상을 붙잡고 있기 때문에 자기 자신의 찬란하게 빛나는 멋진 인생에 방해가 되고 능률을 저하시킵니다.

인간人間의 가장 근원인 실상의 성품, 본성本性을 최대한으로 잘 나타내느냐 구름인 허상에 집착하여 있느냐는 전적으로 자기 자신에 달려 있습니다. 자신의 무명無明 정도 또는 도道를 닦아 마음의 공부가 된 정도에 따라 허상을 붙잡고 있는 농도가 결정되기 때문입니다. 이러한 연유로 하여 「자기 자신에게 일어나는 모든 문제는 자기 자신으로 인하여 일어나고 그것을 해결하는 어떤 열쇠도 자기 자신이 가지고 있다.」는 것입니다.

예수 그리스도는 「진리는 너희들 자신 속에 있다」고 하고 석가모니는 「자승자박」이라고 한 것이 바로 이같은 이치를 설명해줍니다. 우리 속에는 어떤 어려운 문제도 해결할 수 있는 아주 멋진 힘이 들어 있습니다.

우리들 속에는 전지전능한 무한 능력의 신성神性이 들어 있습니다. 그러나 그것을 나타내는 정도의 차이인 무한능력은 신성神性을 많이 나타내느냐 적게 나타내느냐는 진리眞理를 실천하는 정도에 달려 있습니다.

그러면 진리眞理란 무엇인가? 진리眞理란 영원불멸의 참된 이치를 말합니다. 참된 이치가 무엇인가 그 답은 아주 간단하다.「우주만물宇宙萬物이 서로 사랑하고 화합하는 것이 진리입니다.」

그것은 우주만물이 자기 자신을 가장 좋아하고 자기 자신을 가장 사랑하는 이치입니다. 아득한 시간과 한없는 공간을 차지하는 이 우주는 뭉뚱거려서 하나입니다.

내가 태어나기 전 한없는 과거를 거슬러 가서 이 우주가 시작된 그 때부터 우주 끝나는 그때까지를 포함하여 그리고 이 우주의 무한한 공간을 뭉쳐서 하나인 것입니다. 이 하나의 우주는 그 속에 포함돼 있는 나 자신입니다. 그렇기 때문에 우주만물은 서로 사랑하고 화합해야 하고 그럴 수밖에 없습니다. 그것이 진리입니다. 따라서 진리에 순응하고 진리대로 하면 우주만물은 하나가 되어 모두 내편이 되고 (내 자신이기 때문에 그럴 수밖에 없지만) 거기서 최고 최대의 무한한 힘이 발휘되는 것입니다.

우리의 마음 씀씀이 즉, 용심用心은 크게 나누어 생심生心과 살심殺心의 두 가지로 나누어집니다. 생심生心은 우주만물이 서로 사랑하고 화합하도록 도우는 것이며 살심은 그에 반하는 것입니다. 이 우주안의 그 어떤 것도 좋아하고 사랑하면 진리에 따르는 것이고 생심生心입니다. 우리가 자기와 무관하다고 생각하는 그 어떤 것도 자기 자신이며 하나의 우주 속에 들어있습니다. 그렇기 때문에 오직 생심生心만을 나타내야 하는 것입니다.

한걸음 더 나아가 자기 생각과 마음속에는 생심生心만 가득차 있어야 합니다. 살심殺心은 따지고 비판하는 것으로부터 시작하여 남을 원망하고 미워하며 자존심을 세우고 자기 이익만을 구하고 굳고 딱딱하고 불편하고 시끄러운 것입니다.

생심生心은 항상 감사하고 사랑하며 좋아하고 기뻐하고 찬탄하고 축원하고 기도하며 환희심을 나타내는 것입니다.

그러니까 제 아무리 좋은 일을 했다고 하더라도 따지고 비판하고 짜증을 내고 살심을 내면 그 좋은 일이 빛이 바래고 오히려 나쁜 결과가 됩니다.

자기에게 어떤 문제가 생겼다 하면 제일 먼저 그것에 감사하고 기뻐하며 자기에게 가르쳐 주는 교훈이라고 생각하여 참회하고 반성하며 희망을 가지고 기도하고, 오직 생심만 일으켜 자기의 생각과 마음속에 가득 채우고 그것을 나타내기만 하면 전지전능의 무한능력이 발휘되어 해결됩니다. 이같은 진리를 믿는 것이 참된 신앙입니다. 예수그리스도의 말씀, 부처님의 마음이 곧 진리이기 때문입니다. 성경말씀과 부처님의 설함이 그렇게 좋은 것은 우리들 자신 속에 그 진리의 본체, 즉 본성이 들어 있기 때문입니다. 그래서 내 마음이 곧 부처요, 이 세상 그 어느 것에도 하나님이 깃들어 있다고 합니다.

일체유심조 一切唯心造

우주만물의 모든 모습은 자기 마음으로 짓는다는 뜻입니다. 다시 말해서 자기 마음이 조물주란 뜻입니다. 그렇다면 자신의 인생, 자기의 육체도 자기의 마음이 그 작품을 만들고 있다는 뜻이기도 합니다.

글, 그림, 음악 등 모든 예술작품은 자기의 마음과 생각 그리고 인격의 냄새가 배어있습니다. 인간이 매일매일 지어가는 인생이라는 작품에도 자기 자신의 인격 냄새가 배어 있음을 인식해야 합니다. 좋은 마음[生心]을 가지고 만들어내는 인생과 나쁜 마음[殺心]으로 만드는 인생은 분명 그 작품의 결과가 판이하게 다른 것으로 나타납니다. 여성의 작품에서는 여성다움이, 남성의 작품에서는 남성다움이 나타납니다. 모든 작품에는 그렇게 마음이 나타나기 때문에 좋은 마음이 되지 않으면 좋은 작품이 되지 않습니다. 여성의 작품 가운데 최고의 걸작은 남편이요 자식이요 가정입니다. 작품의 대상인 남편의 모습 속에 내 마음, 내 인격의 냄새가 배어 있는 것입니다. 자식의 모습 속에 나 자신의 모습이 도사리고 있고 자신의 가정에 자신의 우주가 펼쳐져 있습니다. 남편에게는 아내로서 자식에게는 어머니로서 가정에서는 주부로서 상대라고 하는 작품을 지어가고 있습니다.

그렇다면 작가 즉 아내, 어머니, 주부로서의 마음을 좋게 가지고 맑고 밝게 해야 합니다. 작가로서의 아내가 자기 마음을 좋게 가지기를 잊어버리고 작품의 대상인 남편만을 좋지 않다고 꾸짖고 몰아세운들 아무 소용이 없습니다. 이런 아내들은 대체로 자기이익, 자존심, 고집만을 내세워 상대를 휘어잡고 희생해주도록 길들이는데 주안이 되고 있습니다. 좋은 마음은 아닌 것입니다.

언제나 심술궂고 어두운 마음으로 남을 원망하거나 미워하고 시기하면서 상대인 작품만을 좋아지게 하려 해도 그렇게 될 수 없습니다. 마음을 부드럽고 따뜻하며 너그럽게 가지면 육체의 부조화는 빨리 좋아지게 되고 좋은 작품이 만들어집니다. 남편도 좋아지고 자식도 가정도 건강하고 행복해 집니다. 그것이 진리요 생심의 법칙입니다. 설령 당장 그렇게 나타나있지 않더라도 차츰 그렇게 될 것이니 걱정

할 필요가 없습니다.

자기 얼굴을 거울에 비춰보고 「여기가 나쁘다. 저기가 마땅치 않다」며 투덜댄들 소용이 없습니다. 남편의 '이게 옳지 않다.' 자식의 '저게 나쁘다' 고 하는 것도 마찬가지로 해로움만 가져올 뿐입니다. 들추고 헤집기만 하면 '작품' 을 더욱 망치게 되고 역효과만 나타납니다. 그저 마음 놓고 오직 친절하게 정답게 감사하며 밝고 따뜻하게 생심을 내며 살아가면 저절로 좋은 작품이 되어 현실로 나타납니다. 그러면 자신은 저절로 행복해지고 즐겁고 기쁘게 됩니다.

우리는 그런 행복을 맛보기 위해 이 세상에 태어나 살고 있는 것입니다. 우리는 어떤 작품이라도 좋게 만들 수 있는 유능한 행복한 사람입니다. 다만 하나의 좋은 작품을 만들기까지는 상당한 시간과 노력이 필요하고 연습이 필요합니다. 인생이라는 작품을 만드는데도 그것을 훌륭하게 나타내기 위한 노력 즉 마음[生心] 씀씀이를 놓쳐서는 안 됩니다. 그것이 화두話頭입니다. 다인의 화두는 화경청적和敬淸寂입니다. 차 마심과 차생활을 통해서, 다도 수련을 통해서 좋은 마음을 키워가고 건강과 아름다움의 행복 그리고 좋은 세상을 만들어 가고 있는 것입니다.

혼히들 마음을 비우라고 합니다. 무심無心, 그것은 마음속에 사악한 마음이 없음을 말합니다. 즉 무심無心은 진심眞心으로 가득찬 것입니다. 진심眞心은 영원불멸한 실상인 본성本性이며 그와 반대로 쉽게 변하고 영원하지도 못하고 끝내 멸하고 마는 것은 허상을 일컬음입니다. 좋은 작품(인생)을 만들기 위해「실상을 관觀하고 허상을 떠나라」고 합니다. 그것은 다도 수련에 있어「환심幻心을 버리고 진심眞心에 안주安住하라」는 것과 같습니다. 환심은 꿈과 같은 것으로 자기를 둘러싸고 있는 환경과 조건 즉 물질세계에 지배되어 기起, 멸滅하는 마음입니다. 그것은 변하여 영원하지도 않고 끝내는 없어지는 것입니다. 살심은 허상에 매달려 있습니다. 허상이란 눈에 보이고 냄새를 맡아 소리로 들리는 것 등 육체六體인 색色, 성聲, 향香, 미味, 촉觸, 법法에 탐욕심을 일으켜 애착을 가지고 집착함으로써 응어리지는 것을 말합니다.

진심은 환경과 조건, 물질에 지배되지 않는 마음으로 희노애락이 일어나기 이전의 마음이며 부동심不動心 즉 본심本心입니다. 본심은 본래 맑고 고요한 것입니다. 진심은 진리와 일치하고 우리 자신의 주인공, 생명의 실상과 통합니다. 그것은 다선일미茶禪一味이며 다선일여禪茶一如의 경지에서 우주만물의 근원이며 인간본연의 참모습으로 나타납니다.

유유상종類類相種

끼리끼리 같이 한다는 뜻입니다. 우리에게는 마음의 파장

(싸이클)이라는 것이 있습니다. 「당신은 참으로 아름답다」고 말하면 그 말 속에 아름다운 마음의 파장이 실려 상대에게 전달되며 그 상대의 마음 파장이 유유상종의 법칙에 따라 아름다운 파장으로 채택되어 그렇게 실현된됩니다. 우리의 생각 그리고 그것을 나타낸 말은 파장의 원리로 이룩되는 기도입니다.

자식에게 「너는 참 착하다」고 말하면 그것은 그 아이 속에 있는 실상[眞理, 生心]의 파장을 자극하여 그렇게 됩니다. 상대에게 아무리 애정 어린 마음이라 내세울지라도 「너는 뚱보다」 또는 「너는 바보다」 「너는 짬보다」하면 그렇게 되기가 쉬운 파장의 영향을 받게 됩니다. 그러니까 부정적 사고방식 또는 살심의 말을 해서는 결코 안됩니다.

어디까지나 생심의 긍정적 사고와 말 그리고 행동이 필요합니다. 인간은 육체와 정신만 있는 것이 아니라 영혼도 있고 영혼과 정신을 둘러싼 그물인 유체도 있습니다. 유체보다 밑바닥에 본성本性(본원本元)을 둘러싸고 구름처럼 형성돼 있는 에테르체[体]도 있다. 다시 정리하면 인간에게는 육체肉体, 영체靈体, 유체幽体, 에테르[体], 본체本体, 생명체生命体등이 있습니다.

육체는 뼈와 살 등 눈에 보이고 손에 잡히는 것 즉, 오관에 잡히는 물질입니다. 그것은 생명의 옷이라고나 할까, 죽거나 새로 태어나 바꾸어 입는 영체는 영혼과 정신으로 혼백이 함께 하고 있는 상태입니다. 유체는 아스트랄체라고도 하는데 영혼을 담은 미세한 그물입니다. 즉 영혼의 몸이나 그릇과 같습니다. 영적세계인 몸의 일종으로 여러 가지 체험을 담는 창고이기도 합니다. 가령 타인의 혼신이 들었다거나 귀신에 씌었다면 이 유체에 걸려 담겨진 것을 말합니다.

에테르체는 빛과 소리, 냄새 등이 얽혀 있는 파장波長, 싸이클로 염파念波도 여기에 속합니다. 자기적 오라 (magnetic Aura) 자기적磁氣的 에너지(energy)의 장場, 미세한 파동의 에너지 현상입니다. 예를들면 얼음(고체)에 열을 가하면 물(액체)이 되고 또 물에다 열을 가하면 수증기가 되고 산소와 수소로 나누어집니다. 다시 더 가열하면 자연상태에서 볼 수 없는 수준까지의 진동수만 남게 됩니다. 이것이 파장(싸이클)이며 프리스마라고 하는데 즉 에테르파波입니다.

물질은 결코 파괴되거나 소멸될 수 없습니다. 분자의 한 진동수에서 다른 진동수로 바뀔 뿐입니다.

에너지 불멸의 법칙은 생명에너지에도 같이 적용됩니다. 정신과 영혼, 인격이 담겨있는 아뢰야식(제8식)의 영체가 사후에도 존재합니다. 그 속 근원(본성)에는 육체의 다섯가지 감각으로는 도저히 지각할 수 없는 엄청나게 높고 미세한 진동수의 에너지 파장이 도사리고 있습니다. 이것이 본체입니다. 에테르체(体)에는 자기 자신의 인격을 나타내는 영기^{靈氣}, Aura의 파장(corona)입니다. 과학자들은 이것을 자연전기현상(natural electric)이라 하며 「오로라(Aurora)」라고 부릅니다. 즉 영기가 발하는 진동(싸이클)의 파장입니다. 그것은 유정, 무정의 우주만물에게서 모두 똑같이 바래지는데 이것이 빛으로, 소리로, 향기로, 맛으로 감촉으로 미세하게 구분됩니다. 이를 빛깔로 구분할 때는 맑고 탁한 정도에 따라 검은색으로부터 회색, 푸른색, 붉은색, 고동색, 흰색, 황금색으로 나타납니다. 냄새도 대자연의 향기에 혼탁의 악취까지 미세하게 구분됩니다.

그 나누어지는 구분 계층은 층층만층구만층입니다. 태고적 대자연의 오로라는 대단히 맑고 깨끗하며 아주 미세하고 고아한 파장입니다. 무의 경지는 바로 이를 두고 지칭하는 것입니다.

사람의 마음도 염파^{念波}라는 파장이 있어서 평생을 수행하여 아주 높은 도를 이룬 고승의 경우 이 에테르파장은 무심의 경지, 즉 선심^{禪心}의 묘각이 됩니다. 이런 분은 옆에서 가만히 바라보기만 하여도 심광^{心光}이 사무쳐 마주보고 있는 보통사람을 청정하게 세탁시켜줍니다. 그래서 고승을 친견^{親見}한다고 합니다.

가까이서 바라보기만 해도 청정무구한 에테르파장을 받아 일상 속에서 때 묻은 영혼이 맑게 세탁되는 것입니다. 고승

친견은 한층 올라가는 업그레이드인 것입니다.

우리의 몸은 마음이 청정하여 순심順心과 천심天心이 되면 맑은 영기(Aurora)가 강하게 우러나와 청정하고 고요한 경지가 되어 탁한 기운이 범접하지 못하게 됩니다. 옛말에도 극선자極善子는 춘기가 돌며 서기瑞氣가 일어나고 극악자極惡子는 범기가 돌고 끝내는 천벌을 받는다고 합니다.

우리는 차를 통해 정신을 맑게 하고 몸을 맑게 합니다. 그것은 차가 대자연에 가까운 대단히 맑고 고아한 오로라를 지니고 있기 때문입니다. 그와 같이 맑은 오로라를 항시 대하며 살아가는 차인들끼리도 서로 화경청적의 촉매작용을 하니, 이것이 유유상종類類相種이 아닌가 합니다.

중국 당唐나라 때의 은혜선사恩惠禪師는 차茶를 두고 '묘각妙覺'이라고 했습니다. 또한 장의선사艸衣禪師도 「차는 지극한 경지에 이르게 함으로 해서 도道가 되는 것」이라고 설하고 있습니다. 차茶는 선禪과 통하여 지극한 경지境地에 이르게 하며 우주만물에 가득한 생기生氣의 오로라와 통해 인간의 참모습을 이끌어 냅니다.

이야말로 해탈이며 열반의 경지인 피안彼岸인 것입니다. 가장 중요한 것은 지금 이 자리입니다.

우리는 영원한 현재에 살고 있으며 지금 이 자리는 무한한 우주의 중심이며 관문입니다. 지금 이 자리에서 생심生心을

일으켜 자기의 참모습을 나타내는 것이 바로 환희와 기쁨
이 넘치는 행복의 도가니입니다. 이 우주에 가득찬 생명의
꽃밭, 사랑의 열매 덩어리 속에 한없는 즐거움이 넘쳐납니
다.
참으로 인생은 멋지고 아름다운 것입니다.

남은 인생
멋지게
살자

한 많은 이 세상
어느 날 갑자기 소리없이 훌쩍 떠날 적에
돈도 명예도 사랑도 미움도
가져갈 것 하나 없는 빈손입니다.

남은 돈 있으면
자신을 위해 아낌없이 다 쓰고
행여라도 사랑 때문에
가슴에 묻어둔 아픔이 남아있다면
미련없이 다 떨쳐버리고

"당신이 있어 나는 참 행복합니다" 라고
진심으로 얘기할 수 있는 친구를 만나
남은 인생 건강하게 후회없이 살다 갑시다.

이 세상에서 진실한 친구가
한 사람이라도 있는 사람이
행복한 사람입니다.

이 세상에서 가장 아름다운 사람은
마음씨가 따뜻한 사람입니다.

사람은 태어날 때 즐거움의 욕구를 타고 난다고 합니다.
그래서 즐거운 일을 많이 할수록 건강해집니다.

남녀 구분 없이 부담 없는 좋은 친구 만나
산이 부르면 산으로 가고,
바다가 손짓하면 바다로 가고
하고 싶은 취미생활 마음껏 다 하며
남은 인생 후회 없이 즐겁게 살다 갑시다.

죽음에 대하여

-

'삶 뒤에는'

'현대과학이 제시한 삶의 진실' 이란 부제가 붙은 「삶 뒤에는」이란 책을 읽고 감동을 받아 소개하려고 합니다.

저자 죠오지미크는 10대부터 세계 주요 종교들을 탐구하기 시작, 죽음 뒤의 삶의 가능성에 대하여 참된 해답을 얻으려 나섰습니다.

1932년 미시간대학에서 열역학을 전공하고 산업계에 진출, 냉난방장치와 식품냉동분야의 기술개발에 힘써 크게 성공했습니다. 그러면서 의학, 정신과학, 심리학 등에 관심을 기울였습니다. 60세가 되자 퇴직하여 모든 시간을 연구에 몰두하면서 '초과학연구재단' 을 설립, 운영하면서 많은 책을 발간했습니다.

「죽음 뒤의 세계와 얼의 성장(After We Die, What Then?)」 이란 책을 발표했습니다.

그는 인간의 존재를 성립시키고 있는 에너지 장場과 서로 얽

혀있는 공간, 시간계들에 대한 보다 앞선 탐구가 이루어져
나가기를 염원하고 있습니다.

〈본론〉
죽음은 모든 것의 끝인가?
우리는 그저 영원히 소멸되고 마는 것인가?
이 책은 생명, 죽음의 체험, 죽음에 대해 말한다.
결론부터 말하면 "우리는 죽지 않는다."이다.

애벌레와 나비

육체가 '물질적 존재'라면 정신과 영혼은 '비물질적 존재'
다. 비물질적 존재 중에는 기억, 영혼, 개인적인 인격(장식
藏識)이 담겨 있습니다. 이들 기억, 영혼, 인격은 육체가 죽은
뒤에도 존속할 수 있습니다. 육체가 죽은 후에도 이들 정신,
기억, 인격, 영혼은 살아서 움직이고 있습니다. 그 모습은
어버이와 조상으로부터 주어진 육체를 일시적으로 걸치고
있던 땅에서의 삶과 똑같습니다.

죽음 뒤의 삶에 대하여 어떤 증거가 있는가?

육체가 죽은 뒤에도 그대로 존속하는 것을 확인할 수 있는

열 두 가지 서로 다른 연구 분야에서 설득력 있는 증거들

(1) 역사, 종교의 문헌

많은 종교 중에는 사후의 생의 존속을 인정하는 생각이 공통적이다.

(2) 임종^{臨終}, 죽음에 임박, 육체이탈의 경험

사람은 죽음에 임박해서 새로운 존재로 옮겨갈 때 그 과정을 돕기 위 하여 그를 사랑하는 사람(영)이나 원조자가 다가오는 것을 본다는 사실이 입증됐다. 또한 육체를 떠나서도 마음대로 다닐 수 있다는 사실이 보고되고 있다.

(3) 영매에 의한 영계와의 통신

'동시에 두 세계에 사는' 능력자가 있었으며 현재도 있다. 그들에 의해 영의 세계에 있는 사람들과 교신할 수 있다.

(4) 영의 출현, 영적 물리현상, 유령

세계 모든 지역에서 4천 여년에 걸쳐 경험되어 온 유령과의 만남은 육체의 사후에도 무엇인가 존재한다는 것을 나타내고 있다.

(5) 빙의^{憑依}와 영^靈의 지배

'영의 빙의' 성서에서 말하는 악마는 지금도 존재한다.

그들은 막 떠나온 지상의 생활에 집착이 강해서 살아있는 삶으로부터 발산되는 자기성^{磁氣性}의 오라(Aura)에 달라붙는 것이다. 빙의된 사람의 생각, 감정, 행위에 강한 영향을 준다.

(6) 영계의 의사들

심령 치료사들은 현재 영계에 살고 있는 의사로부터 도움
을 받아 치료한다고 시사되고 있다.

(7) 심령사진

많은 사진작가들이 육체가 사망하여 매장되었거나 화장됐
음이 확인된 사람들의 사진을 찍었다.

(8) 물질화 현상

물질적 우주와 그 속에 침투해있는 비물질적 우주에 대한
지식의 확장으로 자연법칙의 이해가 가능해지고 있다.

(9) 환생^{還生}

육체가 죽은 뒤에도 개개의 영혼이 존속하며 새로운 인간
의 육체를 갖는 일도 있다는 것을 시사하고 있다.

(10) 시간 - 공간 관계

정신, 인격, 영혼은 따로따로이면서 서로 침투해 있는 시간,
공간 속에 이미 존재해 있다.

(11) 물질과 에너지의 불멸

현대과학은 물질과 에너지를 새로 창조하는 일도 없고 완
전히 파괴되어 사라져버리는 일도 없다는 것이 기본원칙으
로 받아들여지고 있다. 육체가 허물어져 기체나 수증기 혹
은 미세한 물질(먼지)이 되어 자연으로 돌아간 뒤에도 우리
의 영체를 이루고 있는 보다 고차원의 물질은 끝없이 존재
한다.

(12) 전자공학에 의한 영계와의 교신

전신, 전화, 라디오, 텔레비전, 마이크로웨이브 등을 사용하여 지구의 표면에서 교신하며 또 마이크로웨이브와 텔레비전으로 가까이에 있는 혹성이나 우주선과 교신하고 있다. 지상의 인간과 영계의 인간이 접촉할 수 있도록 전자장치를 개발하려는 노력이 시작됐다.

불사^{不死}의 세계, 청사진 - '생명은 영원하다'

육체를 벗어났을 때 어떤 일이 일어나는가?
어디로 가는 것인가?

불사의 세계에 대한 청사진

(1) 지상 - 물질적 차원

육체(물리적 신체) 속에 동시에 에텔적 신체(에테르체)나 아스트랄적 신체(아스트랄체) 속에서도 살고 있다.

물질적 몸과 비물질적인 몸은 진동하는 복수의 에너지장을 포함하여 이 순간에도 마치 수백의 라디오나 텔레비전 전파가 같은 공간에 서로 함께 침투해 있는 것과 마찬가지로 서로 한데 침투해 있는 것이다.

일본 모또야마 박사에 의하면 동시에 또한 각각 독립하여 존재하는 물리적 차원, 에테르 혹은 바이오 프리스마의 차원 및 아스트랄 차원의 마음과 몸이 서로 밀접한 관계를 갖고 연결되어 하나하나의 존재를 만들고 있다고 한다.

영혼, 인격, 정동情動, 기억, 맨탈체(mental body), 또는 원인체(causal body) - 업보 - 모두 아스트랄체 조직 속에 싸여 있다. 당신은 죽더라도 진짜 당신은 자신의 아스트랄체는 여전히 완전하게 살아있다. 당신이 지상에서 어떻게 살았느냐에 따라 아스트랄계의 여러 차원 가운데 어딘가에 배치되어 있는 자신을 발견하게 된다.

(2) 가장 낮은 아스트랄계 차원

성서에 '울부짖으며 슬퍼하는 바깥의 암흑'이라고 말하는 세계다. 탐욕이나 자기중심적 충동, 사랑이 없는 냉혹한 마음, 원망 등에 사로잡힌 사람들이 흔히 육체적 욕구를 일으키기도 하며 마약중독자, 성 도착자, 알콜중독자, 자살자 등도 여기에 산다. 예로부터 지옥, 명부冥府, 연옥 등으로 불리어져 온 곳이다.

(3) 중간 아스트랄계 차원

보통 대부분의 사람들은 육체를 떠나 몇분, 며칠, 몇주일이 지나면 이 영역에 눈뜬다.

(가장 낮은 아스트랄계 차원으로 갔을 때는 몇 달, 몇 년, 몇 세기씩 걸릴 때도 있다.)

이 차원은 병원과 의료진, 교육시설과 교사를 갖춘 휴식과 재활의 영역이다. 앓던 영혼에게는 도움의 손길이 닿는다. 마음의 상처를 입은 사람, 갑자기 죽은 사람, 고집스럽고 그릇된 지적^{知的} 신념이나 감정 혹은 종교적 신앙을 가진 사람이 그 대상이다. 의사전달은 사념^{思念}과 말하기다. 각자는 지적 영적 성장을 계속하도록 격려를 받는다.

그렇게 성장함으로써 보다 높은 아스트랄 차원이나 원인(맨탈)체의 차원으로 향상해 가기도 하고 지상의 생활로 환생하기도 한다.

(4) 가장 높은 아스트랄계 차원

천국에 해당한다. 고통이나 번민이 전혀 없다. 사랑의 유대를 느껴 모여든 사람들의 행복한 모임이나 서로 닮은 마음을 가졌다. 각자의 영혼은 지적 영적 의식에 있어서 더욱 큰 성장을 이루기 위한 무한한 기회가 주어진다. 보다 높은 차원인 맨탈체(원인체)의 차원에 다시 태어나기도 한다.

(5) 원인체(맨탈체)의 차원

개인의 마음과 영혼이 보다 높은 성장을 위하여 무한한 공간이 주어진다. 여기는 질투도 비관도 에고이즘도 없다. 인류의 발명, 과학적 진보, 시와 노래, 영감에 가득찬 문장, 미술, 음악 등은 대부분 여기서 나와 (직관 작용) 지상의 마음

으로 전달된다. 보다 낮은 차원에 사는 사람들의 아름답고
착한 활동을 낳는 원인이 된다.

(6) 천상의 여러 차원

기독교의 신, 불교의 부처, 그 밖의 여러 종교의 신앙대
상이 된 신들이 존재하는 장소다.

※중요한 것은 무엇이라고 부르든 수준 영역 구역 차원
휴식처라는 것이 지금 여기에 현실로 있다는 것이다.

영계

천상의 여러 차원

맨탈체(원인체) 차원

높은 아스트랄계 차원

중간 아스트랄계 차원

낮은 아스트랄계 차원

지상 - 육체의 차원

각 개인의 영혼이 성장하기위해 가야할 길

1. 먼저 창조주인 신의 뜻을 구하라.

2. '참 나' 를 아는 길을 배우라.

3. 남을 사랑하라.

4. 자비를 베풀어라.

5. 친절을 베풀어라.

6. 인내를 배우라.

7. 남에게 나누어 주라.

8. 부지런히 마음을 키우라.

9. 남에게 봉사하라.

조용하고 차분한 장소에 앉아 심신을 편안한 상태에 이르게 하고 사념을 집중하여 아스트랄계의 높은 수준의 파장에 맞추도록 하는 즉, 명상의 훈련을 쌓으면 우리는 보다 많은 지식을 얻을 수 있고 훨씬 현명하게 성장한 혼이 가지고 있는 지혜를 얻을 수 있습니다.

우리는 생명이 육체에 깃들어 있는 동안에 어떻게 살았느냐에 따라 자동적으로 선별되어 각자 생활의 질에 걸맞는 파동의 차원에 저절로 들게 되는 것입니다.

예수가 말했듯이 '하늘에 있는 보석을 쌓아 올리는' 생활을 시작할 기회가 지금도 주어져 있습니다.

우리가 하고 있는 행동 하나하나는 모두 어떤 결과를 낳을 원인이며 그 하나하나의 결과를 낳아갑니다.

우리들 각자의 길은 갈수록 더없이 넓어지는 찬란하고 거대한 미래에의 디딤돌임을 깨달을 것입니다.

불사성不死性 - 영원한 생명 - 생명은 영원합니다.

섣달 그믐날
보차普茶의
가르침

새해를 맞이하는 것은 지난 한 해를 마무리하고 새로운 해를 맞이하는 희망의 새출발을 의미합니다.

추운 겨울이 지나면 반드시 새봄이 옵니다.

24절기 중 입춘立春이 오고 봄은 이미시작되었습니다.

우리는 격외格外의 성찰과 참회를 깊이하며 정진과 수행을 하여 자리이타自利利他를 꾀하고 널리 복덕과 지혜를 북돋우도록 해야 할 것입니다.

죽음이 눈 깜짝할 사이에 있으니 살아있는 동안에 용맹스럽게 정진 수행을 쌓아야 합니다. 그리하여 생사生死를 벗어나야 합니다.

우리는 매일 차를 마시지만 섣달그믐날은 '보차普茶를 마신다' 합니다.

보차普茶를 마시는 것은 깨우침을 위한 것입니다.

옛날에 조주선사는 도풍道風이 높아 사방에서 참례하는 학자들이 대단히 많았습니다. 하루는 두 스님이 새로 왔습니다.

조주趙州선사는 한 스님에게 "그대는 이곳에 와 본적이 있는가?"고 물었습니다. 그 중은 "와 본적이 없습니다."라고 대답했습니다.

그러자 조주선사는 "차나 마시게[끽다거喫茶去]"라고 했다. 또 다른 스님에게도 "이곳에 와 본적이 있는가?"라고 물으니 그 스님은 "와 본적이 있습니다"라고 대답했습니다.

그러자 조주선사는 "차나 마시게[끽다거喫茶去]"라고 했습니다. 이를 보고 그 절 원주가 "와 본적이 없다는 이에게 차를 마시라는 것은 그렇다치고, 와 본적이 있다는 이에게도 '차를 마시라' 는 것은 어째서 입니까?" 물으니 조주는 "원주!" 하고 불렀습니다.

그러자 원주는 "예!"하고 대답했습니다. 차나 마시게라고 했습니다.

이처럼 세 사람 모두가 차를 마셨는데 후세에 이 세상에 널리 전해져 〈조주차趙州茶〉라고 말하게 된 것입니다.

이와 같은 경우는 운문조사에게도 있었습니다. 어떤 스님이 찾아오자 운문은 호빵을 먹으라고 했으며 그 스님은 받아 먹었습니다. 이 이후에 세상은 '운문병雲門餠' '조주차趙州

茶’ 라고 전해지게 되었습니다.

현재 여러분은 ‘바로 차를 마시고 떡을 먹고 있습니다.’“알 겠는가?”“만약 알지 못했다면 이 자리에서 차를 마시는 자는 누구인가?”“떡을 먹는 자는 누구인가?” 대체로 옛 사람들은 생각이 도道에 향했고 걸음 걸음이 깨달음이었습니다. 하나의 경전에서 알아챘고 그 자리에서 곧 깨달았습니다.

요즘 사람들은 수행이 청정하지 못하고 항상 동요하고 있으며 생각 생각에 생멸生滅하며 업장이 두터우니 어떻게 법法을 깨달을 것이며 남을 교화할 것인가?
그러므로 일체를 놓아 버려서 범정凡情과 망념妄念이 자기의 묘명妙明한 진심眞心을 더럽히지 말아야 합니다.

옛 사람이 말하기를 “다만 범부의 정념만 없애버려라. 따로 성인의 알음알이가 있는 것이 아니다”고 했습니다. 그대는 현재 차를 마시고 있는데 차의 향미香味를 모른다면 나무나 돌과 마찬가지입니다. 만약에 차의 향미를 안다면 범부입니다.
어떻게 하여 이 유무有無의 두 길을 떠날 수 있을 것인가? 이것이 수행하는 자세요, 본분사本分事입니다.
비록 이 경계에서 벗어날지라도 귀신의 굴 가운데서 잘 궁리를 해야합니다.

"여러분들은 잘 참구하라"

몸과 마음을 놓아 버리고 애욕愛慾에 집착하지 말아라.

"곧 바로 참구하라"

깨어나라! 주시하라! 이해하라! - '에고' 는 독이다.

'나는 누구인가?' '나는 어디에 있는가?'

'나는 어떻게 살아야 하는가?'

'잘 살아야한다. 어떤 것이 잘 사는 것인가?

'올바르게 사는 삶은 사랑하며 살며 우주를 사랑하라.'

사랑을 위해서는 '에고' 가 없어야 합니다.

모든 고통은 에고를 통해서 생깁니다. 에고는 병입니다. 에고는 언제나 갈등과 투쟁속에 있습니다. 에고는 불행의 시발점입니다.

에고는 언제나 어리석은 것에만 흥미를 갖습니다. 에고 때문에 항상 너무나 저항적입니다. 사랑의 결실은 에고의 소멸입니다. 그러므로 따지지 말고 에고를 없애도록 힘쓰고 나 자신의 에고에 대해서 생각하세요. 에고에 집착하면 피곤해집니다.

어떻게 하면 완전원만한 신에게 도달하느냐가 문제가 아닙니다. 어떻게하면 에고를 사라지게 하느냐가 문제입니다.

① 깊은 잠 속에는 에고가 없다.

② 사랑에 깊이 빠질 때

③ 침묵할 때-완전히 이완된다.

④ 어떤 것에 몰입하여 자신을 잊어 버릴 때

⑤ 음악을 들을 때 - 에고를 잊기 때문에 마음이 평온하다.

⑥ 아름다운 일출, 일몰 등 자연을 느낄 때

⑦ 에고가 없어지면 신神을 만난다.

⑧ 내가 사라질 때 에고가 없어지며 신神이 나타난다.

⑨ 에고의 부재는 곧 신성의 현존이다.

   즉 에고의 현존은 신성의 부재다.

⑩ 깨어 있으면 에고는 사라진다.

⑪ 무심無心, 명상冥想, 참선하면 에고는 없어진다.

⑫ 사랑은 목적이며 그러기 위해서는 적정화경寂靜和敬이 되어야 한다.

⑬ 에고가 사라지면 항체가 살아난다.

⑭ 삼마디(삼매경)에 빠지면 에고가 사라진다.

⑮ 항상 주시하라. 나 자신에게 에고가 존재하는지를.

기쁨은 일상생활 속에서도 일어날 수 있습니다.

생각의 구름에 갇혀 있지 않으면 기쁠 것입니다.

지복至福을 느낄 것입니다.

침묵하여 우주를 느끼세요.

생각하면 갇힙니다.

명상은 각성이며 무심이고 중도中道입니다.

우주와 내가 하나입니다.
내가 우주입니다.

제2장

감사의
삶,

행복
바라기

지금 자기 자신에게 일어나는 모든 문제는 자신에게 책임이 있고,
그것을 해결하는 열쇠도 자기 자신에게 있다.

자신이
무한한
능력자다

지금까지 자기 자신에게 일어난 모든 문제는 자신에게 책임이 있고, 그것을 해결하는 열쇠도 자기 자신에게 있습니다. 다시 말해, 자신에게 일어난 어떤 문제 즉 가족이나 이웃과 불화하거나, 속이 상하거나, 몸이 아프거나, 재물이 부족하다거나 하는 수많은 문제가 모두 자신에게 책임이 있고 자신의 문제라는 것입니다. 그 문제는 자신이 책임져야 할 문제이면서 그것을 해결하는 열쇠는 자신이 가지고 있습니다.

그런데 자기 자신에게 일어나는 어떤 문제를 해결할 수 있는 열쇠를 자신이 가지고 있다는 것은 참으로 멋진 일이고 굉장한 일입니다. 다시 말하자면,

'나는 어떤 문제도 해결할 수 있는 무한한 능력자다.'

'나는 무한 능력자' 얼마나 멋있는 말입니까?

'무한 능력자' 라는 것은 무한한 지혜, 무한한 사랑, 무한한

힘, 무한한 생명, 무한한 광명, 우주로부터 무한한 자원 공급, 그리고 자기 자신이 무한한 창조를 할 수 있다는 것입니다.

우리에게는 그 '무한한 능력'이 본래 갖추어져 있다는 것입니다. 이해가 안 된다면 한번 생각해봐요. 최소한 지금의 자신보다는 좀 더 잘 볼 수 있고, 잘 들을 수 있고, 잘 생각할 수 있고, 자신이 성의를 가지고 좀 더 노력한다면 더 잘 살 수 있고, 더 행복할 수 있습니다.

그것에 그치지 않고 무한한 힘이 자신을 대자유, 대자재하게 살 수 있고 행복하게 해 줄 수 있습니다.

자신을 조금 더 돌아본다든지, 깊이 생각해본다든지, 용기를 가지고 실천해서 노력해 본다든지, 우리에게는 지금의 나 자신보다 더한층 뛰어난 능력이 본래 갖추어져 있습니다. 그 무한한 힘을 발휘할 수 있는 능력의 열쇠는 자신이 가지고 있습니다.

그것은 우리 누구에게나 자기 자신 속에 완전히 갖추어진 원만한 주인공이 있기 때문에 그런 것입니다. 그것이 생명의 원천입니다.

왜 우리가 잘 안 될까요? 잘 사는 사람은 잘 살고, 못 사는 사람은 왜 못삽니까? 어찌하여 어떤 사람은 고통이 많고, 어떤 사람은 고통이 적으며 행복합니까?

그 무한한 능력을 지닌 주인공을 둘러싼, 어떤 오염된 색안경 잘못된 인식, 전도몽상 때문입니다.

이 무한한 광명을 비추는데 구름이 끼었다든지, 연기가 올라와서 먹구름이 되어 막았다든지 하는 그런 원인으로 인해 그 광명이 본래 기능을 발휘하지 못하기 때문이라고 생각합니다.

어떤 사람은 그런 장애를 받지 않고 대자유 대자재로 능력을 보다 잘 발휘하지만 어떤 사람은 막혀서 때로는 자승자박으로, 때로는 알음알이로, 자기 지견知見으로, 자기 고집불통으로 인해 능력을 발휘하지 못하고 꽁꽁 묶어놓는 그런 경우가 있습니다.

'우리가 어떻게 전도몽상하고 있는가?' 하는 것을 예를 들어 이야기 하자면,

추색이 완연한 어느 해 가을 토요일 오후에 멀리 석양이 아름답게 비추는 가운데 한적한 사찰의 경내에서 기품있는 한 노부인이 법당에서 정중히 합장 기도하고 조용히 앉아서 뭔가 염하고 있는 모습이 아주 절실하게 보였다. 기도를 마치고 나오는 노부인에게 주지스님이 다가가 말을 건네었다.

"잠시 제 방으로 드시지요. 저는 이 절의 주지입니다." 그 노부인이 방에 들어와 앉았고, 녹차를 한 잔 대접 받았다. 그 부인이 차를 마시는 몸가짐이 격식 있고 보기 좋은 모습 이었다.

주지스님이 말씀하기를 "부인께서는 아주 정성스럽게 부 처님께 경배하고 기도를 하시던데 무슨 소원이 있습니까?" 하고 물었다. 그러니까 부인은 "우리 같은 나이에는 이제 죽음을 생각하게 되지요. 그저 훌쩍 깨끗이 숨을 거두었으 면 합니다." 이렇게 말했다.

"때가 되면 구질구질하게 살지 않고 훌쩍, 떠나는 그런 사 람이 정말 부러워요."

주지 스님은 그 말을 받아서 "그렇겠습니다. 그러려면 뇌출 혈로 죽어도 갑자기 죽고, 심장마비로 죽어도 갑자기 죽고, 또 인위적으로 한다면 달리는 열차에 뛰어들 수도 있고, 영 도다리에서 뛰어내릴 수 있고, 독한 약을 먹을 수도 있지 않 습니까? 그러면 훌쩍 그냥 죽어버리죠."

그러니까 그 부인은 살짝 이맛살을 찌푸리면서 "아니요, 그 런 뜻이 아닙니다."

"네, 압니다. 저도 부인과 비슷한 연배이기 때문에, 늙어서 자리에 누워 몸을 움직이지 못한다든지 또 가족들에게 고 생을 시키고 스스로도 아파하고 괴로움을 겪는 일이 싫다는 것쯤은 누구나 다 잘 압니다."

그랬더니 그 부인은 "그래요, 그러니까 그냥 훌쩍 떠나야지요." "하지만 그것은 꽤나 욕심 많은 서글픈 소원이군요. 사람이 늙으면 모두 이렇게 슬픈 소원을 생각할 수밖에 없는가 보지요." 이렇게 이야기를 하였다.

"부처님이 그런 소원을 '그래' 하고 잘 들어주겠습니까?" 그러니까 그 부인은 말없이 침묵했다. "나도 부처님께 그렇게 빌어보고 싶은 심정이지만 그런 소원을 비는 것은 너무 제멋대로이고 좀 뻔뻔스러운 것 아닙니까? 저는 그런 소원은 좀 망설여집니다." 이렇게 주지 스님이 말하셨다. 주지 스님이 자신이 젊었을 때 있었던 일을 이야기했다.

"내가 젊었을 때 군에 입대해서 전쟁터에 나갔는데, 여러 번 죽을 고비를 넘겼습니다. 전쟁터에서 전투를 하면서 굶기도 많이 굶어서 영양실조에 걸리고, 몸이 흐느적거리고 온갖 질병을 앓았습니다. 나중엔 너무나 괴로워서 '이런 고생을 하느니 적이 쏜 총알에 그냥 맞아서 죽었으면 좋겠다.' 그렇게 자신도 모르는 사이에 원을 했습니다." 스님은 이어서 "나는 설령 몸이 말을 안 듣고 자리에 누워서 지낸다 해도, 또 나를 돌봐주는 사람이 한 사람도 없다고 해도 그것은 그렇게 되는 것이 내가 해야 할 일이고, 내 운명이 아닌가 이렇게 생각하곤 합니다." 그런데 부인은 "왜요? 그렇게까지 하면서 살 필요가 뭐 있습니까?"

이때 주지 스님이 말했다.

"숨이 끊어질 때까지 산다는 것은 생명에 대한 감사이고, 보은행입니다. 내가 아파서 병석에서 고통받는 것은 바로 보은행입니다." 이렇게 이야기를 했다.

이 생명이, 이 육체가 '나' 라고 하는 개인에게 인생을 경험하게 해 준 것입니다. 눈은 무엇을 보게 하고, 귀는 온갖 이야기를 다 듣게 하고, 코는 냄새 맡게 하고, 입은 맛 보고 말하게 하고, 피부는 즐거운 감촉을 느끼게 하고, 다사다난 하지만 그런 인생을, 경험을 해 준 것이 내 생명이고 이 육체입니다. 내가 아프다고 해서, 내가 몸에 고장이 났다고 해서, 이 육체를 버리고 훌쩍 떠날 수 있겠습니까? 이 육체가 얼마나 고마운데, '육체야, 나 데리고 산다고 참 고생했다. 많이 아프지 그래, 아프면 우리 같이 아파주자. 그게 이 생명과 육체에 대한 감사이고 보은행이 아니겠습니까'

그리고 자기도 어떤 고통스러운 고행을 하면서 자기 자식, 아들이든지 딸이든지 식구들에게 나를 위해 애쓰는 공덕을 쌓는 기회를 줘야 하지 않겠습니까?

만약 며느리가 시어머니 병구완을 하고 시중을 들어주면 그 며느리가 공덕을 짓는 것입니다. "부인께서도 시어머니 병 수발을 좀 하셨겠는데요." 그러니까 이 부인이 정말 의젓한 기품을 가진 부인이 깜짝 놀라는 것이다.

자신이 시어머니 수발한 것을 어떻게 아는가 싶어서 '말도 마세요, 8년을 시부모 병 구환한다고 제 나름대로 고생했습니다.' 그렇게 하면서 한순간 주마등처럼 무언가 싹 지나가는지 눈에 눈물이 고이는 것이었다.

떠나시기 전 8년 동안, 마지막에는 벽에다 똥오줌 칠하고 그것을 받아내고 했는데, 그렇게 하느라고 세월 가는줄 몰랐다는 것이다. 계절이 바뀌는 줄도 모르고 또 계 같은 모임도 몰라서 야유회 놀이를 간다든지 그런 것도 모르고, 그러니까 옷도 잘 입을 생각도 안 하고 그냥 주어지는 대로 지냈고, 먹는 음식도 갖추어서 먹는 것이 아니고 그냥 세월을 흘러보냈으니 얼마나 고달프고 괴로운 날들이었겠습니까. 스님은 "그 시어머님이 부인에게 최상의 덕을 쌓게 해 주셨다고 생각하지 않습니까?"라고 물었다.

자기 하고 싶은 것 모두 성취하면서 살아 온 사람이 남을 배려할 줄 모르고, 제멋대로 행동하는 것과는 달리 인내하고 순종하면서 살아 온 부인의 과거였다. 자기 가족을 책임지고 어려운 가난 속에서 열심히 산 소년 소녀 가장이라든지, 효자 자식들이 있다면 참는 훈련을 얼마나 했겠습니까? 먹는 것 참고, 입는 것 참고, 쓰는 것 참으면서 가족과 함께 화목하게 살아보려고 노력하는 가정에서 자란 사람이 의젓하게 장년이 되어 너무나 멋지고 훌륭한 모습이 된다는 것이다. 시어머니 병 돌본다고 고생한 사람은 남의 괴롭고 고통스러운 사정을 알기 때문에 그 모습에서 벌써 덕성스러운 모습이 나타난다.

그래서 스님이 "나 같으면 부처님에게 이렇게 기도하겠습니다." "어떻게요?" "부처님 제가 막상 어떤 모습으로 숨을 거둘지는 모르겠지만 며느리나 자식들에게 만약 내가 아파서 병석에 누웠을 때는 잘 부탁한다고 말할 수 있는 그런 순직한 마음을 저에게 주십시오"하고 말입니다.

그 부인은 그 말을 듣고 머리를 숙이고 정말 시선을 한곳에 두고는 꼼짝도 안 하고 생각에 들었다. 그때 저녁예불시간이 되었다. 스님이 조용히 자리를 일어서면서, "예불 시간이 되어서 일어서야겠습니다."하고 예불을 마치고 방으로 돌아왔는데 부인이 정말 뜻밖에도 밝은 표정으로 환히 웃으면서, "스님, 저는 이날 이때까지 얼마나 고집불통이고 나 자신밖에 모르고 나만 챙겼는가 하는 것을 깨달았습니다. '내가 며느리 따위에게 신세를 지나봐라', 이런 꽁꽁 얼어붙은 마음을 가지고 그렇게 살아온 나 자신을 돌이켜 봤습니다. 이렇게 이야기한다. "정말 부끄럽기 짝이 없습니다." 라고 말하면서 "부처님께 참회하고 돌아가겠습니다." 하면서 합장을 한다.

이 부인이 '내가 아파 누웠을 때 좀 잘 봐줘라.' 이렇게 말할 수 있는 그런 순수함, 이런 마음이 부처님의 대자대비입니다. 그런 인간성을 잃어버리면 소중한 이 인생길이 너무나 메마르고 삭막하고 윤기가 없습니다. 그 노부인은 드디어 자기 자신의 참모습을 문득 깨달은 것입니다.
얼마나 완고했던가? 이런 심정은 그의 참회이고 그 참회는 바로 환희를 가져오는 기쁨의 문턱이 되었습니다.

참회와 법희선열은 손등과 손바닥처럼 아주 가까이에서 바로 그 자리에 있습니다.
색즉시공色卽是空이라는게 바로 이런 것이 아닌가 생각이 됩니다.
자신의 한 순간 생각을 돌이켜보면 바로 환희와 법열, 진리의 기쁨 세계로 젖어 드는데, 그 한 생각을 돌이키지 못했기 때문에 그런 불행한 사고방식을 항상 가지고 살아가는 것이 전도몽상입니다.

우리의 삶속에 들어있는 중심된 진리, 철학, 그 원리가 어떤 것인가 하는 것을 먼저 소개합니다.

첫째, 현상계는 다시 말해 자기가 현재 상태로 느끼고 있는 상황은, 오직 마음을 따라 나타나고 생각한 것 그대로 나타나며 마음이 염한 그대로 나타난다는 것입니다. 이것이 바로 '일체유심조一切唯心造' 입니다.

둘째, 그 마음의 작용, 마음이 어떻게 움직이느냐, 어떻게 사용하느냐에 따라서 자유자재로 건강이나 행복이 자기 앞에 나타나 보일 수가 있습니다. 마음을 잘 쓰면 건강하고 행복하게 된다는 것입니다.

우선 이 두 가지를 '진리'라고 생각해 봅시다.

'생각을 따라 나타나고 또 생각을 잘 쓰면 건강해지고 행복하고 좋은 일이 자꾸 있을 수 있습니다. 그래서 마음이 문제다.'라는 것을 항상 인지하고 생활하는 것입니다. 그러나 우리가 확실히 알아야 할 것이 하나 있습니다. 앞에 말한 것처럼 인간은 무한한 생명과 무한한 지혜, 무한한 사랑, 무한한 공급을 받는 무한한 능력자이므로 즉「신의 나타남」입니다.

부처님이든, 하느님이든 최고의 진리를 관장하는 신의 나타남이 바로 자기 자신이라는 것입니다. 그래서 불가에서는 개개인을 보고 '부처님'이라고 합니다. 무한한 능력자이기 때문에 부처님이다. 아버지 부처님, 어머니 부처님, 당신 부처님, 자식 부처님, 이웃 사람 부처님, 전부 부처님이다. 이것이 참모습입니다.

참모습, 인간은 곧 무한한 지혜를 가진 여래이고, 무한한 행위를 할 수 있는 관세음보살이며 이 같은 진리를 깨달으면 바로 지금 여기에 정토가 실현되어 대자유, 대자재의 삶에 이르는 길이 여기에 있다는 것입니다.

그러니, 자기 자신에게 있는 무한한 능력을 인생을 살아가면서 그 생활 속에서 거침없이 발휘하도록 하는 것이 올바른 정진이고, 올바른 종교입니다.

절에 무엇하러 오느냐, 부처님께 무엇하러 기도하느냐?

자신의 무한한 능력을 발휘해 건강과 행복과 모든 것에 공헌할 수 있는 힘을 가질 수 있도록 기도하고 저절로 그렇게 되도록 하는 것이 절이고 교회입니다. 이 세상은 내가 생각하는대로 나타난다고 했습니다. 이것이 법칙이며 진리입니다. 그것을 확실히 알아야 됩니다. 아니, 믿을 필요도 없이 본래 그런 것입니다.

그런 믿음이 자기 자신의 인생 모습이 된 것입니다. 자식들에게, 가족에게, 이웃에게 생심生心만 이야기하면 잘 되고, 살심殺心을 이야기하면 잘 안 됩니다. 또 마음가짐도 남이 하는 것을 비판하고 따지며 원망하고 미워하며, 특히 부모를 원망하는 사람은 온 세상 사람을 다 원망하게 되고 아버지를 원망하는 사람은 세상 남자를 다 원망하고, 어머니를 원망하는 사람은 세상 여자를 다 원망합니다. 이런 마음으로 생활할 것이 아니라 자기 자신을 돌이켜 보아야 합니다. 그렇게 하면 '자기가 어떤 모습인가, 어느 정도인가' 를 알 수 있습니다.

우리는 항상 자신과 게임을 하며 생활하고 있습니다. 오로지 기뻐하고 찬탄하고 남을 행복하게 해 줄 수 있는 마음과 불평하고 비난하고 남의 단점만 보는 마음이 서로 어떤 마음을 쓸까 하고 줄다리기를 하고 있는 것입니다. 상대편은 모두 자신의 거울입니다. 거울이니까 상대편이 밉상같이 보이고, 짖궂게 보이며, 행동을 잘못 하고 있는 것을 살피듯이 자신을 살피게 됩니다.

우리 모두는 자신의 마음속에 본래 이렇게 맑고 깨끗하고 때묻지 않은, 갖추어진 성품이 있다는 것입니다.

그러면 우리가 마음을 어떻게 써야 하는가? 앞서 생심生心이라 했습니다. 생심生心을 쓰는데 구체적으로 '어떻게 쓰는 것이 좋은 것인가?' 이것을 여러분이 화두로 삼아도 괜찮을 것입니다. 자기 모습을 깨닫는 것, 그것이 보다 한 단계 높은 단계로 올라 갈 수 있습니다.

우리가 살아가다가 좋은 옷을 입고 싶은데도 입지 못하면 옷에 대한 집착과 애착이 나타나고, 좋은 옷을 입으면 좋은 옷을 입었다고 자존심을 세우고 상을 나타냅니다. 그 옷이 뭐냐? 결국은 멸하고 없어지는 것입니다. 우리가 이 허상을 붙잡고 있어야 되겠습니까? 그것을 설명할 때 불가에서는 유신론으로 설명을 합니다. 안이비설신의眼耳鼻舌身意의 대상이 색성향미촉법色聲香味觸法입니다. 색, 우리가 물질을 보통 색이라고 합니다.

성聲 소리, 향香 냄새, 미味 맛, 촉觸 감각, 법法 우리가 생각하는 것, 알음알이 이런 것에 끄달리면 안 됩니다. 그러니까 자신의 무한 능력을 발휘하는 길은 자기 마음이 가장 맑아야 됩니다. 자기 마음이 탁하거나 흐리거나 하면 최대한의 무한능력을 발휘할 수 없습니다.

우리가 기도할 때 '뭘 해주십사' 기도하는 것도 좋지만 어쨌든 먼저 '자신의 마음이 청정하게 해달라.'고 발원을 해야 합니다. 자신이 청정의 경지가 되면 마음 먹는대로 다 이루어집니다. 급하니까 나한도량을 찾아가서 '우리 아들 대학 합격하게 해주세요, 남편 사업에 부도를 막아주세요.' 하며 걱정을 하지만, 자신이 청정무구하고 공적空寂의 경지를 가지고 있으면 생각하는 대로, 말하는 대로 바로 이루어집니다. '어느 것을 놓아라' 가 아니고, 그런 기도도 하면서 근본적으로는 마음을 깨끗하게 하고 마음을 흔들지 않는 고요의 경지로 가면 그렇게 하는 길이 바른 길입니다.
마음의 최상의 경지, 그게 최고의 도道이고, 우리가 무無다, 공空이다, 허虛다, 청정무구淸淨無垢라 하는 것이 바로 무한 능력을 발휘할 수 있는 길을 찾아가는 것입니다.

자기가 무엇을 하고자 할 때 돈이 있으면 할 텐데 돈이 없어서 못합니다. 또 건강을 이야기할 때 내가 지금 내 몸만 건강하면 등산도 하고 운동도 하고 할 텐데 하고, 현재의 상황에서 부족한 사항을 자꾸 보지만 그렇게 해서는 안 됩니다.

그러면 어떤 일이 이루어지지도 않고, 돈이 더 많이 모이지도 않으며, 건강해지지도 않습니다. 남을 돕고, 좋은 일을 하고, 어떤 목적을 향해 진행하고 있는 가운데 우리는 무한한 공급을 받습니다.

모두 여러분이 살아가면서 '무엇을 하고 싶다' 라고 생각하면 그 생각이 디딤돌이 되어 이루어진 경우도 있을 것입니다. 그러나 도저히 안 되는 일도 있습니다. '내가 몸만 안 아프면 등산도 하고, 운동도 하고, 남을 위해 일도 하고 할 텐데…' 라고 자신을 아픈 자체에, 병고에 자승자박을 하고 스스로 꽁꽁 묶고 있기 때문에 자신이 아프다는 것을 벗어날 수 없습니다. 자신이 아프다는 생각을 잊고 자신의 능력 안에서 등산을 하고, 일을 하고 있는 가운데 아픔에서 저절로 벗어나서 건강해질 수 있습니다.

내가 지금 돈이 없다, 건강하지 않다, 아프다 하는 그것을 붙잡고 있는 한 그것을 벗어날 수가 없습니다. '내가 무엇을 하겠다' 어떤 목적을 세우면 우리에게는 무한한 자원의 공급이 우주로부터 오게 됩니다. 무한한 도움 혹은 자기 스스로 자가발전하는 이런 것이 오고 있기 때문에, 처음부터 잘 할 수 있는 것은 아니지만 '오직 지금 이 순간' 최선을

다 할 때 성취할 수 있는 것입니다.

'내가 앞으로 달리기를 몇 초 안에 하겠다.' 설정을 하면 그것을 위해서 자꾸 노력하고 그것이 발전된다는 것입니다. 자신 속에 있는 무한한 힘을 아무 제재도 받지 않고 무한하게 발휘하게 하는 것입니다. 이 우주에는 무한한 광명이 충만해 있는데, 자기에게 있는 본래 무한한 능력을 가지고 있는 주인공과 통하면 어떤 충만 경계에 부딪히더라도 자비공덕이 쌓여서 온 시방에 가득 충만해 있습니다.

이 세상, 이 우주는 너무나 멋진 대광명으로 충만해 있습니다. 그것을 달리 이야기하면 반짝반짝 빛나는 그런 생명의 꽃밭이 이 우주에 가득해 있다라고 표현할 수 있습니다. 그것이 나 자신이고, 내가 그 빛나는 생명의 꽃밭에 안주를 하면 이 우주 전체의 생명 꽃밭과 합일되고 만날 수 있습니다. 자신이 어떤 살심의 한정된 속에 갇혀 있다면 그런 무한한 생명의 꽃밭을 만날 수 없습니다. 우리 인생이라는 것이 정말 환희 덩어리고, 너무나 행복하고 정말로 살아갈 맛이 나는 그런 인생이고 삶인데, 그것을 우리가 전도몽상이 되어서 잘못 생각하고 있기 때문에 생명의 꽃밭을 만날 수 없게 된 것입니다.

한 생각 한 순간 돌리면 바로 그 순간 그 자리에서 극락정토와 만날 수 있습니다.

건강한
삶을
위하여

오늘부터 무언가 얻어서 보다 좋은 사람이 되어 봅시다.
가족이 생각했을 때 또는 친구나 이웃이 나를 보았을 때 '이
사람 달라졌네.' 하며 나아졌다 좋아졌다, 건강해졌다는 느
낌과 그런 믿음을 갖도록 한번 달라져 보자는 것입니다.

좋은 사람은 바른 사람, 편안한 사람, 건강한 사람, 행복한
사람입니다. 어떤 상대라도 자기에게 배려해주고 양보하고
솔선하여 행동하는 그런 사람, 희생적인 사람의 모습을 보
고 좋아하는 마음이 생깁니다.
좋은 사람이 어떤 사람인가를 깨달아 확인하고 실천하는
사람이 되자는 것입니다.

몸과 마음의 병은 어디에서 오는가
인간은 마음을 쓸 때, 즉 용심用心할 때 살심殺心을 일으키는

게 큰 병입니다. 그 살심은 탐食, 진瞋, 치癡의 과욕에 의해서 생기게 되고 그로 인해 건강과 행복의 균형을 잃고 병들고 불행해집니다. 그것을 재는 척도는 안의비설신의眼耳鼻舌身意로 진단합니다.

다시 말해 살심의 모습은 자신의 육근인 눈 귀 코 입 감각을 느끼는 몸 그리고 의식을 통해서 나타납니다.

줄여서 말하면 신구의身口意 삼업이 문제인데 그 중에도 흔히들 입을 대상으로 하여 스스로 측정 진단할 수 있습니다.

잘못된 입은 대체로 세 가지로 나눌 수 있습니다.

첫째 입으로 먹는 음식에 대해서입니다. 즉 과음 과식 폭음 폭식 술 담배, 너무 탄 것, 너무 매운 것, 짠 것, 신 것, 뜨거운 것과 비료 많이 준 것, 방부제 조미료 등 상하거나 잘못 만들어진 음식을 먹는 것 등입니다.

두 번째 불규칙적인 식사 습관이나 스트레스 때문에 먹게 되는 모든 음식이 문제입니다.

살심을 안고서 음식을 먹으면 아무리 좋은 음식이라 할지라도 독이 될 수밖에 없습니다.

셋째 입을 잘 못 놀려서 발생케 하는 잘못된 언어생활입니다.

즉 불평, 불만, 시기, 미움, 질투, 성냄, 저주와 같은 나쁜 감정 즉, 살심의 말을 함부로 하는 것 등입니다. 말 한마디에서 인생을 결정합니다. 저주와 미움이 박힌 말이 입 밖으로 나오면 모두에게 상처를 입힐 뿐입니다.

마음을 가다듬어 말의 씨앗을 잘 뿌려야 합니다.

병은 현실 생활습관과 관련이 있습니다. 탐욕과 무절제 방관 오만 등이 결합된 결과입니다. 병은 여태까지 살아온 과정을 통해 생기는 것입니다. 그것이 잘못된 언행의 습관 즉 살심을 바탕으로 한 마음이기 때문입니다. 분노나 슬픔, 저주를 마음 한 구석에 첩첩이 쌓아 놓고 살면 병이 생기지 않을 수 없고 그것이 암도 되고 죽음에 이르게 합니다. 이로 인해 각종 질환에 시달리게되고 끊임없는 스트레스를 받는 상황에서 면역력이 떨어지게 마련입니다. 제대로 쉬지도 못한 삶, 늘 긴장과 스트레스에 가득 찬 삶, 분노와 원망의 마음이 내 몸과 정신을 해치고 끝내는 견디지 못한 마음과 몸이 반란을 일으켜 고질병도 되고 암이 됩니다.

마음에 분노나 욕심이 있으면 잠이 오지 않고 끝내는 병이 되고 많습니다.

몸과 마음의 병을 대하는 자세

지난 삶을 반성하고 새로운 삶을 시작하는 자세가 선행되어야 합니다.

현재 자기가 처한 현실을 차분하게 생각해 볼 필요가 있습니다. 욕망과 성냄과 고지식한 어리석음을 잘 다스려야 마음과 몸의 비뚤어진 황폐화로부터 구원될 수 있습니다. 지난날이 뼈저리게 사무쳐 반성하는 바로 이 순간이야말로 병폐를 벗어나는 치료가 시작되는 것입니다.

모든 병은 손님처럼 생각하여 잘 대접하면 언젠가 떠나갑니다.

인간은 오래 사는 것도 중요하지만 사는 동안 인격적인 삶을 사는 것이 더 중요합니다. 질 높은 삶, 인간다운 삶이 필요합니다. 질병의 치료는 병을 가진 그 인간의 치료가 우선되어야 합니다.

인간의 치료는 끝임없는 노력이 따라야 합니다.

병에 걸려서 죽더라도 좋은 사람이 되어서 죽어야 합니다. 나쁜 사람으로 죽어서는 안 됩니다.

항상 매사에 기뻐하고 환희심을 일으켜 가지며 모든 대상에 감사하고 기도하면 건강하고 마음 평안하고 행복을 누리게 됩니다.

항상 '~~해 주어서 감사합니다. 나는 행복합니다.' 그렇게 감사의 말과 행복하다는 표현을 일상화해야 합니다.

그리하면 자연치유력인 면역력이 높아지고 건강하게 되어 모든 일이 잘 되고 삶의 질 또한 높아질 것임에 틀림 없습니다.

무엇보다도 마음을 다스리고 화를 다스리는 일이 어렵습니다. 마음을 다스릴 수 있으면 병도 다스릴 수 있고 인생도 다스릴 수 있습니다.

오래 살고 싶으면 성격과 생활 습관부터 바꿔야 한다.

각종 오랜 고질병이나 암에 걸린 사람은 먼저 착한 사람이
되어야 합니다. 이기적이고 살심을 품은 악한 사람으로부
터 탈출해야 합니다. 그러려면 자기의 고질병인 성격부터
바꿔야 합니다. 자기자신을 유심히 관찰하여 돌아보고 어
떤 성격을 고쳐야 할런지 세심히 따져보아야 합니다.

건강하고 편안하고 행복한 사람은 언제나 감사하는 마음을
엿볼 수 있습니다. 항상 낙천적이고 의심하지 않고 자연환
경의 덕을 보고 있어서 저절로 평소 먹는 것이 자연식이고
무엇보다 가족과 화목하게 삽니다. 그런 사람이 친구와 이
웃, 직장 동료들과 잘 지냅니다.

사람을 차별하는 사람은 마음에 병이 생깁니다.

자신의 성격을 진단하기 위해 거꾸로 사는 것을 시도해 보
십시오.

다음은 인터넷에서 자주 접할 수 있는 내용을 정리한 것입
니다.

1. 지나치게 경쟁을 좋아하는 성격이라면 경쟁에서 한발 물
   러나는 태도를 실천해 보라.

2. 과로를 서슴지않는 성격이라면 푹 쉬는 습관을 들여보라.
3. 끼니를 대충대충 때우고 살았다면 제대로 된 식사를 해라.
4. 운동을 전혀 하지 않는 성격이라면 지금부터라도 운동을 시작하자.
5. 미워하는 사람이 있다면 용서해야 한다.
6. 너무 각박하게 살았다면 이제 느슨해 보라.
7. 너무 느슨하게 살았다면 시간 계획을 짜서 계획적인 생활을 해보라.

위의 일곱가지가 모두 성격으로 인하거나 생활의 습벽이 되었다면 고쳐야 하는 것들입니다.

쓸 때 없는 걱정이 병을 부른다.

걱정과 근심이 많으면 병이온다. 밤에 잠을 이루지 못하고 소변이 자주 마렵거나 소변이 잘 나오지 않기도 합니다. 가슴이 두근거리고 땀이 나고 잠이 안오고 현기증이 납니다. 이 모든 현상은 걱정이 스트레스가 되어 부른 것입니다. 걱정과 근심 속에 헤매고 있으면 바로 병으로 연결됩니다. 그러니 걱정 근심을 떨쳐버려야 합니다.

오늘 하루를 충실하게 살라고 현인들은 권하고 있습니다. 내 앞에 나타난 대상에 감사하고 즐거워하면 그게 바로 치료제이며 항암제입니다. 걱정과 불안, 공포는 우리의 맑은 영혼을 잠식합니다.

병으로 깨달음을 얻어라

병은 밉지만 그렇다고해서 싫어하고 증오하고 스트레스를 받으면 내 몸과 마음의 밸런스만 깨어지고 면역력만 떨어집니다. 병에서 깨달음을 얻어야 합니다.

자기의 잘못된 성격과 생활 습관을 반성하는 것이 깨달음의 시작입니다. 그 깨달음은 병이 가져다 준 선물입니다.

병은 인간에게 진정한 삶이 과연 무엇인지 알려주기 위하여 찾아온 손님이라고 생각해야 합니다. 병이란 손님이, 찾아 왔을 때는 두려워하지 말고 내 안에 있는 자신의 힘을 믿고 손님을 맞이해야 합니다. 자기의 힘은 우주 근본 근원의 힘입니다. 참고 인내하고 기다리는 여유가 없는 마음이 병을 일으킵니다. 참고 인내하며 기다리는 여유를 키워야 합니다.

느긋하게 휴식하여 피로를 풀고 배변이 순조로운 여유로운 삶을 되찾아야 합니다.

항상 모든 대상에 기뻐하고 감사하며 웃음을 잃지 않는 그리하여 서로 칭찬해야 합니다. 인생의 기쁨은 모든 대상에 감사하는 마음을 가질 때 얻어집니다. 아집과 욕망을 비우면 더 많은 것을 얻을 수 있습니다. 탐욕으로 뭉쳐진 병마를 풀어주는 것은 감사와 용서와 사랑입니다.

현재 자기의 모습을 들여다보라.

현재 자기가 처한 현실을 차분하게 생각해 볼 필요가 있습니다. 그리하여 지금까지의 삶을 뒤돌아보아야 합니다. '나는 어떻게 살아왔는가.' '앞으로 어떻게 살아갈까' 를 생각해 보아야 합니다. 현재 처한 병과 어려움과 고난은 깨달음을 주는 자극제이며 삶의 새로운 도약을 가져오게 하는 기회입니다.

아무것도 없는 벌거숭이로 태어나 살면서 얻은 것이 너무 많은지. 친구, 가족, 명예, 자신감, 그리고 '아무것도 없는 내가 참 많은 것을 얻고 살았구나.' 하며, 지금까지의 삶에 감사하고, 많은 분들의 도움과 사랑으로 지금까지 잘 지냈다는 것을 깨달아야 한다.

혼자서 대소변을 볼 수 있고 거동할 수 있고 걷고 이동할 수 있으니 감사하고, 내가 그래도 잘 먹을 수 있으니 감사하고, 내가 잠잘 수 있고, 쉴 수 있으며, 걷고 뛰고, 운동도 할 수 있으니 감사하고, 대화를 나눌 수 있고 위로받을 수 있는 가족과 친구가 있으니 감사해야 합니다.

지금까지 온갖 경험을 하며 죽지 않고 살아왔으니 이 또한 감사해야 합니다. 살면서 느꼈던 사소한 기쁨들이 얼마나 소중한 것인지 깨닫게 된다면 인생은 잘 산 것입니다. 감사하는 마음은 약이 됩니다.

건강한 몸이란 육체적 정신적 영적 그리고 사회환경적으로 모든 관계가 원만한 밸런스를 잘 이루고 있는 상태를 말합니다. 인생은 어떻게 생각하느냐, 어떻게 사느냐에 따라 많은 것이 결정됩니다. 인생은 밸런스를 이룬 삶을 살 때 면역력이 증가합니다. 매 순간 의미를 생각하며 생명을 함부로 소진해서는 안 됩니다.

오기五氣를 잘 해야 잘 살 수 있습니다.

첫째 잘 먹고 잘 배출하기, 둘째 제대로 움직이고 운동하기, 셋째 제대로 숨쉬기, 넷째 마음 다스리기, 다섯째 잠 잘 자기.

이렇듯 다섯 가지 기능을 원활히 할 때 잘 살수 있습니다.

삶을 다시 시작해야 한다.

앞으로 전개되는 삶은 덤으로 주어졌다고 생각하고 지금까지 살아온 인생의 바탕 위에서 삶을 다시 시작해야 합니다. 이 세상에서 마지막으로 남은 날들을 어떻게 쓸지 계획을 세워야 합니다. 분노하거나 슬퍼하거나 우왕좌왕 보내는 사이에 시간은 흘러갑니다. 남은 시간을 어떻게 계획할 것인지 분명하고 확실한 삶의 계획이 있어야 합니다.

절망을 병으로 인식하면 안 됩니다. 사람은 좌절하지 않으면 희망을 발견합니다. 그 절망이라는 병을 잊거나 초월하는 방법은 현재의 삶에 감사하는 것입니다. 인간의 위대함은 절망의 순간에 일어선다는데 있습니다.

우리는 병으로 아파하고 고난에 시달리고 있는 사람에게 절망하지 않는 생을 살게하는 친구가 되어야 합니다. 문제는 용서입니다. 마음으로 용서하는 것. 원수를 사랑해야 거듭날 수 있습니다. 용서라는 문을 열면 전혀 새로운 세상입니다.

진정으로 용서해야 나 자신의 억울한 죽음을 면할 수 있습니다. 우리가 가장 원하는 것은 관심과 사랑을 받는 것이고 가장 두려워하는 것은 소외되거나 상대의 짐이 된다고 생각하는 것입니다. 용서와 화해만이 새로운 생으로 출발하는 시발점임을 깨닫고 실천에 옮겨야 합니다.

축복이 넘치는 삶을 살자

인생은 현재 이 자리에서 어디로 향하느냐 하는 방향성이 중요합니다. 더불어 잘 사는 지혜를 발휘해야 합니다. 지금부터 마지막 남은 날까지 서로 축복하면서 지상의 마지막 햇살을 나누어야 합니다.

그것이 건강하고 행복한 '영원한 햇살 Eternity Sunshine' 입니다. 기쁨을 주고 기쁨을 발견하는 생활을 하면 자연치유력도 활성화되고 면역력도 커질 것입니다. 나 말고 남을 생각하는 삶, 그 사람에게 감사한 마음을 가지고 긍정적인 마음, 좋은 생각을 하는 것이야말로 현재의 고통을 잊고 내일을 행복하게 해 줍니다.

나는 참 행복한 사람이라고 이해하면 마음에 평안을 가지는 것이 병마를 내 보내는데 도움이 됩니다.

당신은 항상 최선을 다하고 있습니다.

아래 내용은 인터넷에서 쉽게 접할 수 있는 식이요법을 옮겨 놓은 것입니다.

〈참고〉

어떤 음식을 먹을 것인가

1) 과일과 채소- 3가지 이상의 과일과 채소를 매일 먹어야 한다. 특히 여러 가지 색깔 있는 자연음식들을 다양하게 골고루 먹으면 좋다.

2) 육류와 고기 : 쇠고기나 돼지고기보다 닭고기 오리고기, 생선(육질이 흰 것)

- 너무 많이 먹지말고 영양보충 차원에서 조금씩 먹는다.
3) 되도록이면 가공식 보다는 자연식을
  - 해조류, 녹황색채소, 고구마, 감자, 인삼, 마늘, 토마토, 매실, 당근, 브로콜리
4) 너무 자극적인 음식은 피하는 것이 좋다.
5) 물은 하루에 2리터 이상 마셔야 한다. 충분히 마시면 신진대사가 원활해진다.
  소변이 맑아질 때까지 차를 충분히 마시면 더욱 좋다.
  고혈압, 당뇨, 변비, 천식, 궤양, 편두통, 관절염, 요통, 비만 등은 체내 수분 부족과 연관이 있다고 한다.
6) 하지 말아야 하는 것들 : 술과 담배, 술은 두잔 이하, 너무 진한 커피, 혐오식품, 유통과정이 의심스러운 불안한 식품

스트레스 관리 십계명
1. 상상으로 미리 걱정하지 마라.
2. 사람들과 대화하라.
3. 다른 일로 관심을 돌려보라.
4. 라이프스타일을 바꿔보라.
5. 적당한 운동을 하라.
6. 우선순위를 정하라.
7. 명상하라.
8. 봉사자가 되라.
9. 말을 줄이고 기도로 풀라.
10. 자신만의 스트레스 대처법을 계발하라.

모든
것에
감사하자

내가 우주의 만물과 교류하고 우주 만물과 화합하면, 우주의 만물은 나의 편이 됩니다.

우주 만물과 화합하는 길은 사랑입니다. 나 자신이 사랑 덩어리가 되어 우주만물을 사랑하면 자기는 저절로 행복해지고 건강하고 부유해집니다. 우주 만물 중에 그 어느 것 하나라도 미워하고 싫어하고 원망하면 병이 따르고 고통과 고난이 오고 불행이 옵니다.

사랑은 대자비를 말합니다. 그것은 감사하는 것으로부터 시작됩니다. 어떻게 사랑해야 되느냐를 잘 모를 때는 무조건 모든 것에, 모든 일에 '감사하다' 라는 마음을 내면 그때부터 사랑이 나타나고 화합하게 됩니다. 거기에 자기의 무한한 능력이 발휘되어 지혜와 건강과 부와 성장과 성취가 뒤따라 옵니다.

사랑이 부족하면 병이 되고 우환이 오며, 불화가 오고 가난이 오고 불행이 옵니다. 사랑을 불러일으키는 것은 감사하는 것으로부터 시작됩니다. 사랑이 부족한 것은 미워하고 싫어하는 것에서부터 비롯됩니다.

어떤 대상을 어떻게 사랑하느냐? 나에게 현재 내 앞에 나타나 있는 모든 것에 감사해야 합니다. 어떤 환경과 조건도 감사하기만 하면 사랑으로 돌아와 무한한 능력이 발휘됩니다. 보통은 자기를 도와주거나 자기에게 물질적인 풍요를 안겨 주면 고마워하고 감사해 합니다. 아이들도 아버지나 어머니가 빵을 사준다든지 옷을 사주면 "감사합니다." 하고, 또 자기가 바라는 것을 해줬다, 그러면 "감사합니다." 라고 합니다.

그런 감사한 마음조차 표현하지 않는 사람들도 있습니다. 자기를 도와줘도 당연한 것으로 생각하는 사람들도 있습니다. 가령 중국집에서 자장면을 시켜서 한참 오래 걸려 자장면이 배달되었는데, 감사하기는커녕 왜 늦게 왔느냐고 나무랍니다.

'자기 먹을 것을 가지고 왔는데 고맙다고 해야지.' '뭐 고맙노? 돈 줬는데.' 그 대가를 돈으로 환산하는 사람이 대부분이고 정말로 그 사람이 돈에 관계없이 이렇게 내 앞에 먹을 음식을 가져다 주었기에 내가 그 음식을 즐겁게 먹을 수 있고, 영양이 되어 힘이 나고, 이러니 참으로 고마운 일입니다. 이렇게 생각하는 것이 보통 사람의 경우라도 쉽지 않습니다.

어떤 사람들은 학교 선생님들에게 감사하다고 인사하라고 하면 "뭐 감사할 것이 있고, 인사할 것이 있느냐? 자기는 월급받고 가르쳐 주는 것이 의무인데." 라고 응대합니다. 자기 자식을, 자기가 가르쳐주지 않는 것을 그 스승이 가르쳐 주니까 참으로 고맙다는 생각을 가져야 합니다. 그것을 '선생은 직업상의 의무'를 다하고 당연한 일로 생각 하니까 감사할 필요가 없다고 하는 사람들이 많습니다.

최소한 자신에게 베풀어 주는 대상에 대해서도 감사할 줄 모르고 다른 이는 아랑곳하지 않는 사람들이 아주 많습니다. 그렇지만 감사하기만 하면 거기에 사랑이 넘치고 무한한 능력이 발휘되어 건강과 행복이 온다는 것을 알아야 합니다.

감사할 줄 모르는 사람은 빼앗는 마음을 가지고 있는 사람입니다. 빼앗는 사람은 빼앗기게 마련이고 베푸는 사람은 베풂을 받게 마련입니다. 그것이 아주 쉽고 간단한 우주의 법칙입니다. 빼앗기만 하는 사람은 지옥에 살고 베풀기만 하는 사람은 극락에 삽니다. 공기, 햇빛, 꽃, 책상, 이불, 베개, 하늘, 땅 등 모든 생물, 무생물에 이르기까지 '고맙다'고 하기만 하면 그것은 모두 내 편이 되고 내가 풍요롭게 되는데 도움을 주는 것입니다.

행복한 사람은 자기편이 대단히 많은 사람입니다. 자기를 좋아하는 사람이 많은 사람이니까 자기가 사랑을 베푸는 대상이 많으면 많을수록 자기에게 사랑을 베푸는 대상도 많아 행복해집니다. 그러니까 '남에게 많이 베풀어라. 어떤 대상도 자신에게 기쁨과 만족을 베풀어주는 대상이다' 이렇게 생각하면 감사하는 것은 너무나 당연합니다.

공기가 있으니까 내가 숨을 쉬면서 살지 공기가 없으면 나는 못 삽니다. 이렇게 단절해서 생각하라는 것이 아니고 '공기가 없다면 내가 죽는다, 공기가 있으므로 내가 숨을 쉬며 살고 있다' 이렇게 생각하면 이 공기가 참으로 고맙고 감사합니다. 사랑하는 것에 의해서 생명은 성장합니다. 지금 내 주변에 있는 모든 것은 나에게 있어서 필요한 것이고 나도 또한 그들에게 필요한 존재라는 것을 확실히 알아야 합니다.

석가 세존께서는 왕궁에 있을 때 약육강식을 보시고 깊은 명상에 잠겼습니다. '가령 내가 우유를 먹는다면 소 젖을 내가 뺏어 먹으니까 이것은 나쁜 행위다' 이렇게 생각했습니다. 그런데 깨우치고 나서는 갠지스 강가에서 목욕을 하고 바라문의 처녀가 흰 소의 젖을 주었는데, 그 젖이라는 물질을 보지 않고, 바라문의 처녀가 주는 사랑이 그 속에 들어있다고 생각했고, 소가 자기 새끼뿐 아니라 인간에게 주는 사랑이 그 속에 들어있다 생각했을 때 감사하지 않을 수 없었습니다. 그러니까 그 우유를 아주 감사한 마음으로 받아들였습니다.

진리라고 하는 것은 우주 만물이 조화를 이루고 화합해 서로 돕고 사는 것입니다. 석가모니는 그것을 깨우쳤습니다. 소젖은 자기 새끼 먹일 만큼만 젖을 내는 것이 아니고 사람이 소에게 먹여주고, 비를 피하게 해주는 공이 고마워서 자기 새끼 먹일 것 말고 더 많은 것을 줍니다. 그리하여 인간으로 하여금 그것을 먹도록 자기가 보은행을 하는 것입니다.

소가 풀밭에서 풀을 뜯어 먹으면, 약육강식으로 보이지만 풀을 뿌리 채 뽑아먹는 것이 아니고 풀위를 슥어서 먹기 때문에 그밑의 뿌리가 더 강해져 식물은 더 잘 자랍니다. 만약 소가 그 풀을 먹어주지 않으면 식물이 너무 무성해져 자기들끼리 서로 생존경쟁을 일으켜 풀밭은 없어져 버립니다. 동물과 식물도 서로 약육강식으로 보이지만 동물은 산소를 마시고 이산화탄소를 내뿜는 대신에 식물은 그 이산화탄소를 마시고 산소를 내뿜으며 서로 돕고 있습니다.

'네가 살면 내가 살고, 네가 죽으면 내가 죽는다.' 이것은 만물이 서로 돕고 있다는 증거입니다. 자기 자신은 잘 모르고 있는 사이에 자신이 자기 주변에 있는 모든 대상에게 도움을 주고 있고, 또 자신도 모르는 사이에 자기 앞에 나타나

있는 모든 대상으로부터 도움을 받고 있습니다. 이런 사실을 확실히 알아야 되고, 이것을 모르는 것이 전도몽상順倒夢想입니다.

우리가 집착을 한다든지 애착을 가지는 것을 병이라 했는데 자기 주변의 모든 대상을 자신에게 유리하고 유익하도록 이용하려고 하는 마음을 가지고 있는 것이 집착이고 애착입니다.

그것이 지나치면 병이 되어서 탐욕을 낳고 성을 내게 하고 어리석은 생각을 일으킵니다. '나를 위해서 이 우주 만물 중에 무엇이라도 어떻게 이용하면 내가 더 잘 살고 더 잘 될까' 이런 생각이 바로 탐욕, 성냄, 어리석음이라고 하는 삼독심三毒心입니다.

자신도 억지로 남에게 꼭 필요한 사람이 되려고 애써서 나타내려고 노력하는데 그렇게 할 필요가 없다는 것입니다. 그것이 지나치면 집착이 되기 때문입니다. '그저 있는 것만 해도 감사하다' 라는 마음으로 생활해야 합니다.

'감사합니다' 라는 말은 인간이 하는 단어 중에 가장 고상하고 멋진 단어입니다. '감사합니다' 이 말은 사랑을 불러일으키는 비법입니다. 그러니까 내가 상대에게 왜 고맙다는 말인지 따지지 말고 어떤 이유나 이치의 따짐을 넘어 비평, 비판의 경계를 초월해 그저 있는 것에 감사해야 합니다. 그렇게 생활할 때 병은 저절로 낫고 행복이 자신도 모르게 찾아옵니다.

음식을 먹으면서 어째서 맛이 있느냐, 영양분이 어떤가, 칼로리는 얼마인가, 그렇게 따지지 말고 그저 감사하면서 먹으면 저절로 건강이 오고 풍요가 따라옵니다. '따짐' 이라는 것은 공격심과 치매의식을 일으켜 '공포' 라는 형태로 응어리져 그것이 걱정, 불안, 공포를 낳아서 마이너스 사고방식이 되고, 살심殺心이 됩니다.

자신에게 갖추어져 있는 어떤 것이라도 자기에게 부여된 것에 감사하면 부족한 것이 와도 충만해집니다.

경제적인 질병, 가난이라고 하는 것도 부족한 것은 쳐다보지 말고 이미 주어져 있는 것에 감사해야 합니다. 그러면 부족한 쪽도 완전해져서 구함이 옵니다. 먹을 양식이 충분해서 감사하고, 시장에 가서 반찬거리 살 돈이 있어 감사하고, 아이들 공부시킬 학비가 있어서 감사한 것입니다. 이렇게 있는 것에 감사하라는 것입이다.

못 믿는다든지, 얕잡아 본다든지, 불평한다든지, 불만한다든지 원망, 질투, 짜증, 그런 것은 감사의 반대입니다. 그렇게 하면 자신의 생명의 조화가 깨지고 자기 생명에 연결되어 있는 우주 만물의 조화가 깨집니다.

우리 인간이 가장 감사해야 될 대상이 무엇이냐? 괴로움과 고통, 병, 가난, 인생 문제와 저항이 대상입니다. 그것은 자기를 성장시키는 비료요, 영양제입니다. 병은 자신이 부족했던 사랑을 깨우쳐주고 자신이 보다 건강해지도록 도와주는 비료입니다. 병도 감사하기만 하면 낫습니다.

아픈 걸 어떻게 감사하느냐? 말도 안 되는 것 같지만 몸에 열이 나지 않으면 자기 몸이 조화를 잃고 완전한 상태에서 이탈되어 있음을 알 도리가 없습니다. 몸에 열이 나기 때문에 아프다는 것을 가르쳐주는 것입니다. 이 몸이 지금 너무 피로하다, 또 정상을 벗어났다는 몸 상태를 알려주는 것입니다. 그러므로 몸에 열이 나는 것을 감사하게 생각하면 몸이 조화를 가져와 몸을 아프게 한 병과 열이 달아나 버립니다. 몸살도 그렇습니다. 몸살이 나면 영양식을 하고 푹 쉬고 나면 훨씬 나아집니다. 몸살앓이를 하는 줄 모르고 계속 돌아다니면 몸이 더 쇠약해져 더 크게 앓는 경우가 있습니다. 몸이 아픈 것은 바로 자기가 살던 것보다 건강하게 살라고 신호를 보내주는 것입니다.

옛날부터 우리나라는 병을 손님이라고 했습니다. 감기가 오면 '손님 오셨군요.' 라고 생각하면서 처방을 잘 해서 보내드리면 됩니다. 또 감기몸살이 모든 병의 신호이고 시초인데 그럴 때 자기 건강 상태가 생활하기에 부족하고, 충분한 휴식과 영양상태가 부족한 상태라는 것을 가르쳐 주는 것입니다. 이때 병에 감사할 줄 모르면 그 감기라는 작은 손님이 그 가족 모두에게 전부 옮겨갑니다. 감기가 왔을 때 가족이 협력하여 쉬도록 하고 영양을 골고루 섭취하고, 자신도 '미리 몸 상태를 알려주어서 감사합니다' 하는 마음으로 대처를 잘 하면 다른 가족에게 옮기지 않고 떠나갑니다. 감기 또는 다른 소소한 병들은 그 집안과 가정이 화합되지 못하다는 것을, 사랑이 부족한 것을 가르쳐 주는 신호입니다. 빨리 그 집안사람들이 합심해서 사랑으로 똘똘 뭉치면 병도 겁이 나서 도망가 버립니다.

장기나 바둑을 둘 때 자기에게 매일 지는 사람과 겨룬다면 그 사람은 괜히 본인 기분만 좋게 할 뿐이지 도움이 되는 사람은 아닙니다. 우리는 항상 쾌락을 가져오는 대상에 대해서는 반드시 거기에는 자기를 해치는 복병이 있다는 것을 알아야 합니다.

가령 쇠고기를 아주 맛있게 먹으면 그 맛있는 쇠고기 뒤에는 콜레스테롤이라는 악성 지방질인 복병이 자신의 동맥에 쌓입니다. 바둑이나 장기를 둘 때 자기를 못살게 하고 자기를 늘 이기는 대상, 그 사람에게 감사해야 합니다. 자기에게 괴로움을 주는 적수敵手가 자기의 실력과 참을성을 키워주는 은인입니다.

등산 할 때 높고 가파르고 어려운 산일수록 자신의 체력을 키워줍니다. 마당 앞을 한 바퀴 도는 것은 쉽지만 그것은 자기를 키워주는 게 아닙니다. 그래도 방구석에 가만히 있는 것보다 마당 한 바퀴 도는 것이 더 도움이 되겠지만, 높은 산과 가파른 언덕, 그것이 자기를 단련시켜 더 강하고 단단한 체력을 갖게해 줍니다.

사람은 삼초三焦가 있다 하는데, 얼굴 위를 상초上焦라 하고, 이 몸통을 중초中焦라 하고, 아랫부분을 하초下焦라 합니다.

그런데 정신은 상초에 있고, 마음은 중초에 있고, 자기의 기력, 즉 자기 몸의 힘은 하초에 있다고 합니다. 우리 몸은 30대부터 노쇠하기 시작합니다. 서른 후반이 되면, 자기 몸의 30%가 쇠퇴하고, 40대에 들어가면 자기 몸의 40%가 쇠퇴한다고 합니다. 그런데 이 아랫부분, 하초부터 노쇠합니다. 그러니 항상 사람은 하초를 부실하게 하면 안 됩니다. 하초를 강건하게 해야 됩니다.

건강하게 생활하려면 머리는 차게 하고 배는 따뜻하게 해야 합니다. 그런데 다리가 아프거나 하초가 약해졌다면 그때 바로 그 상태에 감사해야 합니다.

'아, 이것은 아랫도리를 강화하라는 신호다.' 그렇게 받아들여야 합니다.

비행기가 하늘을 날아가면 공기라는 저항이 없으면 절대 앞으로 가질 않습니다. 저항이 있기 때문에 비행기가 앞으로 가는 것이고 기차는 레일이라고 하는 저항이 있기 때문에 바퀴가 굴러 앞으로 가는 것입니다.

자신에게 일어나는 모든 문제, 즉 저항은 바로 자기를 성장시키는 것이며, 자신을 괴롭히는 대상은 바로 자기를 깨닫게 해주는 것이라고 생각해야 합니다. 우리가 가장 사랑해야 될 대상은 자신을 괴롭히는 것들입니다.

자기가 거래하는 사람 또는 자기 친구 중에 미워 죽겠다 싶은 사람 그 사람이 바로 자기가 가장 사랑해야 될 대상입니다.

어떤 어려운 문제도 감사하기만 하면 자기 인생과 운명을 바꾸어 놓고 그 문제는 언젠가 해결이 되며 행복은 뒤따라 오게 되어 있습니다. 아픈 것에 감사하고 건강의 소중함을 더 깊이 알게되며 불행을 받아들이고 감사히 생각하면 행복이 옵니다.

불가사의하지만 괴로움이나 남을 미워하는 감정, 병, 불행 등 이런 것들이 자기를 성장시켜 주는 영양제라 생각하고, 병이라는 아픈 것에 감사하고, 내가 사랑이 부족하다는 것을 빨리 찾아내어 내 몸이 조화롭지 못하다는 것을 알아차려야 합니다.

'아, 내가 담배를 많이 피워서 부조화하게 되었구나.' 담배로 인한 병으로 쓰러지지 않고는 깨닫지 못합니다. 술 많이 마시는 사람이 쓰러져 병원에 갔는데 "당신 술 안 끊으면 곧 죽겠소,"라는 소리를 듣고 깜짝 놀라 그때부터 술을 끊고 절제 하는 모습을 볼 수 있습니다. 쓰러지는 것이 바로 자기를 절제하게 만들어주는 계기가 된 것입니다.

그런가 하면 보통 건강하다고 생각하고 안 아픈 사람이 먼저 세상을 떠나는 경우를 간혹 보게 됩니다. 고질병이 있는 사람은 그 고질병이 자기의 건강을 지켜줘서 더 조심스럽게 생활하게 되고, 음식도 주의하게 되어 오래 사는 경우가 흔합니다. 감사하기만 하면 자기에게 도움이 되지만 그것을 포기하고 달아나면 더 큰 병이 되어 위험한 순간을 맞이하게 됩니다.

병은 자기 몸의 조화를 잃으면 병이 온다고 했습니다. 조화는 어떻게 할 때 잘 일그러지느냐? 본래 사람은 사랑 덩어리고 천성이 대자비심으로 가득찬 것이 정상적인데 남을 미워하고 원망하면 몸에서 조화를 잃어버리게 됩니다.

우주 만물은 남을 미워하면 몸에서 독이 나타납니다. 개미가 적을 만났을 때 적개심을 가지기 때문에 몸에 독이 일어나 상대를 물어 죽게 한다고 합니다. 몸에 독이 나면 누가 제일 손해냐? 먼저 자신의 몸 상태가 조화를 잃어버리므로 자기에게 제일 먼저 상처가 됩니다. 벌은 상대를 쏘고 나면 자신은 죽습니다. 생명을 걸고 남과 싸우는 결과입니다.

자신을 비난하고 험담하는 사람에게 감사한 마음을 가지면 사랑이 일어납니다. 상대의 모습은 바로 내 거울입니다. '나에게 고통을 주는 사람에게 감사해야 한다.'

자신 속에 미워하고 험담하고 원망하는 마음이 없으면, 남이 하는 원망이나 험담에 자신의 마음이 절대 움직이지 않습니다. 자기 마음속에 남을 미워하고 시기하고 질투하는 마음이 있기 때문에 남의 그 모습이 밉고 또 보기 싫게 되어 원망하는 마음만 더 차곡차곡 쌓입니다.

누가 동냥을 얻으러 왔는데 그가 멀쩡하고 일을 충분히 하고 살수 있는 사람이 뭐 때문에 얻어먹고 다니나 싶어서 올 때마다 미워 죽겠다는 것입니다. 미워하면 자기가 그런 운명이 됩니다.

내가 저런 사람이라도 도울 수 있는, 나로 하여금 사랑을 베풀게 하는 그런 대상이라고 생각하면 그 사람이 얼마나 고마운 사람입니까. 그러면 점점 더 사랑을 베풀 수 있는 자신의 능력이 더 커집니다. 그러나 그것을 아까워하고, 미워하고, 시기 질투하면 자신이 그 모습이 되어 버립니다.

보기 싫은 사람, 미운 사람에게 감사해야 하고 자기에게 고통을 준 사람에게 감사해야 합니다. 내 눈앞에 미운 대상이 있다, 내가 누구 때문에 괴롭다 하는 것은 자신이 부족하다,

자신에게 살심이 있다, 또는 자신에게 마이너스가 되는 사고방식이 있다는 것을 가르쳐주는 것이기에 그 마음을 바꾸면 미운 대상이 시작되어 자신을 마음공부하게 하는 고마운 대상이 됩니다.

신의 섭리는 만물을 사랑하는 것이고, 그것은 감사하는 것에 의해 이루어집니다. 우주 만물과 화합하는 것을 역행하면 병과 고통과 불행이 옵니다. 우주 만물 중에는 미운 대상, 즉 원수도 포함되어 있습니다.

서로 사랑하게 하는 길은 먼저 깨달은 사람, 먼저 아는 사람이 먼저 감사하는 것입니다. 자기에게 쓸쓸함을 준 것에 감사해야 합니다. 진심으로 절실하게 감사를 하면 행복이 옵니다. '감사'는 사랑을 싹트게 하고 자기의 병을 치료해주는 참 희한한 도깨비 방망이입니다.

어떤 문제가 생겼을 때 그 문제에 감사하면 거기에 대답을 주고 문제를 풀어주는 그런 에너지가 발생합니다.

'사랑은 화해한 자에게만 나타난다. 나에게 일어난 모든 일에 감사하면 운명의 변화가 거기에서 일어난다. 감사하는 마음을 가져야 환경과 조건이 바뀐다. 감사하면 재난도 병도 불행도 사라진다. 감사하지 아니하고 미워하면 내 자체가 살심 덩어리가 되어 더욱 더 불행해진다.' 이런 마음으로 인생을 살아야 합니다.

인생을 살아가면서, 가장 밉고 가장 괴로운 대상일수록 감사하고 사랑을 주는 사람이 건강하고 행복해집니다. '자기가 생각하는 그 어떤 미운 것이라도 사랑하라.' 이 감사하는 마음을 꼭 일으키십시오. 지나가는 행인에게도 감사합니다. 버스를 타면 버스 운전사님에게도 감사합니다. 현재 내 앞에 있는 모든 것에 감사하고 그냥 있는 것만 해도 감사합니다. 내 몸도 내가 있는 것만 해도 감사합니다. 그렇게 감사하면 자기 인생의 운명이 바뀌어서 행복하고 건강하고 멋진 인생이 됩니다.

행복을
바라는
기도

어떤 분은 복권에 당첨되려고, 혹은 자신에게 그런 운이 있는지를 알기위해 복권을 사시는 분들이 있습니다. 자기에게 복이 오려면 굳이 복권을 사지 않아도 복이 몰려옵니다. 설사 복권에 당첨되었더라도 자기 운명에 파탄과 감옥살이 등의 불행이 올지도 모릅니다. 복권의 당첨이 문제가 아니라 자기의 마음이 얼마나 맑고 청정한지, 자신이 얼마나 사랑 덩어리인지에 따라 복권의 당첨 여부와는 상관없이 자기의 인생은 즐겁고 행복하게 펼쳐집니다.

꿈은 망상이고, 환상이고, 허상입니다. 그런데 꿈이 미리 무엇을 가르쳐 주더라해서 어떤 분들은 꿈속을 헤맵니다. 오늘 밤에는 어떤 꿈을 꿀지 어떤 계시가 올지 이렇게 꿈속을 헤맬 수가 있습니다. 꿈을 꾸어 그 꿈이 가르쳐 주었다는 것은 자기 인생에, 자기의 삶에, 큰 영향을 미치지 않습니다. 가르쳐 주려면 꿈이 아니라도 가르쳐 주고, 자기가 하려고 하면 그것이 옳은 길로 저절로 가지고, 저절로 방편이 되고,

삶의 훌륭한, 행복의 경지로 갑니다. 꿈에도 얽매이지 말고, 또 깨어있을 때도, 복권에 얽매이지 않는 것이 인생을 살아가는 멋진 일입니다.

인간은 무엇때문에 태어나 다람쥐 쳇바퀴 돌듯이 살다가 죽어가는가?

스스로 나는 무엇때문에 이 세상에 태어났고, 어떻게 살다가 죽어가는 것이 맞는지 한 번 생각해 보십시오.

대부분의 많은 사람들은 이런 문제를 해결해 보지도 못하고 죽어갑니다. 아니 그런 문제가 있는지 조차 생각 못 하고 죽어갑니다. 막연히 하루하루를 바쁘게 쫓기며 살아가다 죽어갑니다.

내가 왜 사는지, 무엇 때문에 사는지도 생각하지 못 하고 살가다 임종을 맞는 것입니다.

그런 사람에게 왜 사는지 물으면, '죽지 못해 산다' 든지, '그냥 살고 있어 산다' 든지라고 합니다. 이 세상을 하직할 때가 오면 나는 이 세상에 살며 무엇을 하고 살았는가를 생각하게 됩니다. 죽음에 임박해 그런 생각을 하는 것이 아니라 지금 이 자리에서, 현재의 시점에서 '죽을 때까지 무엇을 하느냐?' 를 생각해야 합니다.

죽어가는 모습을 노화라고 합니다. 늙음의 징조는 어디서 부터 나타나느냐? 자신을 한번 점검해 보십시오.

첫째, 자기 생활에 계획성이 있어야 합니다. 인생을 살아가는데 아무런 계획이 없고 소극적이면 죽어가는 모습으로 나타납니다. 계획성이 없고, 소극적이고, 무관심한 것은 체력의 저하가 아니라 대뇌의 노화라고 합니다. 늙어가는 것을 방지하려면 어떤 일이든지 계획을 세워서 적극성 있게 실천하고 관심과 호기심을 많이 가져야 합니다.

2차 세계대전 말기 히로시마에 원자폭탄이 터졌는데, 어떤 여인이 벽돌담 밑에 깔렸습니다. 남편은 다 죽어가는 아내를 살려냈는데, 살리고 보니 얼굴이 많이 다쳐서 엉망이 되었습니다. 그런데 아내는 공연히 살려서 이 못난 얼굴로 세상을 살아가게 한다며 남편을 원망했습니다. 그러자 남편이 "나는 당신의 육체, 껍데기를 좋아한 것이 아니고 당신의 아름다움 마음을 좋아한 것이다. 나는 정말로 당신의 고운 마음을 사랑한다." 그제서야 이 여인은 고운 마음을 내려 하고, 자기 스스로를 사랑하는 고운 마음을 나타내려 하니까, 얼마 지나지 않아 얼굴이 아름다워졌다고 합니다.
마음을 닦으면 저절로 미인이 됩니다.

인간의 육체는 항상 변합니다. 60조가 되는 세포가 3년 동안 죽어가고 새로 태어나며 늘 변하고, 15년이 되면 내 몸에서 가장 단단한 뼈들도 바뀝니다. 그렇게 인간은 때때로

변해갑니다. 마음을 '미인이다' 라고 관하며 살면 얼굴이 미인의 모습으로 바뀝니다. 인간은 본래 아름다운 것입니다. 못났다는 허상에 얽매여 있었기 때문에 못난 모습이 그림자가 지어져서 나오는 것입니다.

스포츠맨이나 한 가지 일에 열심히 임하는 사람은 모두 미인입니다. 자신의 얼굴에 집착하지 않고 인간의 삶에 정성을 다하기 때문에 그 모습이 얼굴에 나타납니다. 인간에게는 무한한 능력과 원만한 생명이 깔려있기 때문에 육체도 환경도 모두 마음대로, 생각하는데로 나타납니다.

그리고 사람마다 과거에 어떤 운명을 지나왔는지도 알 수가 있습니다.

'나는 부자가 되고 싶다' 가 아니고 '나는 부자다' 그리고 부자의 모습을 그립니다. 그러면서 '감사합니다' 라고 하면 자기는 벌써 부자가 되어있는 것입니다.

'많은 사람에게 호감을 사고 싶다' 그러면 사람들을 좋아하는 마음을 가져야 합니다. 자신이 남을 좋아하는 마음을 갖지 않으면 남이 자신을 좋아하는 마음을 가질 수 없습니다. 이웃을 내 몸처럼 사랑하고 사람들을 좋아하는 마음을 지녀야 합니다. 남을 사랑하는 사람이 사랑받는다는 것을 알고 실천해야 합니다.

두 번째 자신이 좋아지고 행복감에 넘치고, 사랑이 넘쳐야 합니다.

부부가 헤어지는 사례가 있는데, 성격이 맞지 않는 것이 아니고, 미워하는 마음이 있기 때문에 이혼합니다.

어떤 분이 내게 상담을 해왔는데, 남편이 자신을 좋아하지 않아 이혼할 수 밖에 없다고 했습니다. 그러니 자신이 좋아지면 상대가 좋아하는 마음을 가지기 때문에 자신이 먼저 좋아져야 합니다.

세 번째, 모든 사람은 다 완전합니다. 모두 멋지고, 훌륭하고 예쁩니다. 모든 사람은 모두 본래 부처입니다. 그러니 어떤 사람을 대할 때, '이 사람은 참 멋지구나, 참 훌륭하구나' 이렇게 모든 사람에게 차별심을 가지지 말고 마주해야 합니다.

네 번째, 사람의 마음은 존경받기를 원하고, 축복받고, 찬탄받고, 믿어주기를 원하며 사랑받기를 원합니다. 그렇게 하면 그 사람이 나를 좋아할 수밖에 없습니다.

다섯 번째, 늘 감사하는 마음으로 생활하는 사람, 늘 기뻐하는 사람, 항상 행복한 사람은 남이 좋아합니다. 자존심을 상하게 하는 사람, 남을 무시하는 사람, 마음을 이해해 주지 못하는 사람, 자기가 잘 보이기 위해 남을 헐뜯고, 남에게 책임을 전가하는 사람, 남의 행복을 시기하는 사람, 남의 공적을 가로채려는 사람, 이런 사람들은 타인들이 좋아하지 않습니다. 사람은 누구나 자기 나름대로의 분위기를 가지고 있습니다. 자기 개성대로 자기 주변에 빛을 주고, 행복을 주며, 기쁨을 주고, 사랑과 평화의 분위기를 지니고 있습니다.

지금부터 만나는 사람마다, '행복하게 되소서.' 하고 빌어주면, 자신도 그런 기도를 받습니다.

사랑이라고 하는 것은 사소한 실천에서부터 시작됩니다. 자기 자신에게는 아무 이익도 되지 않는 그런 사람에게도 행복을 빌어보십시오. 지금 당장, '아프리카에서 굶어 죽어가는 사람, 멕시코 화산이 폭발해 불행의 운명에 빠진 사람, 그런 사람을 위해 행복과 편안을 위해 기도해 주면 자신에게 아무 이익도 없는 많은 사람들이 스스로를 위해 빌어주는 그 염력이 자기에게 옵니다. 그러므로 모든 문제는 사랑하는 마음에서부터 해결됩니다. 과거에 사랑했어야 할 사람을 사랑하지 않아 생겼던 많은 문제들이 사랑하는 것으로 해결됩니다.

이미 떠나버린 사람, 이미 죽은 사람, 이미 남의 사람이 된 사람에게도 행복을 빌어주고, 원망을 주었던 대상에게 감사하고, 사랑하는 마음으로 기도하자. 자신이 변하면 상대도 저절로 변합니다.

모두 내 마음먹기에 따라서 달라집니다. 좋아하는 사람이 많은 사람은 자기를 기쁘게 해 주는 사람이 많습니다.

이 우주의 진리는 사랑하면 모든 것이 해결되고, 미워하면 문제가 생깁니다. 스스로 깨치고 스스로 사랑하도록 노력해야 합니다. 어떤 문제도 나 때문에 일어나고, 그것을 해결하는 열쇠도 나의 의지에 달려있습니다. '내 앞에 나타난 미운 모습은 나를 일깨워 줍니다. 모든 것을 사랑하고 감사함을 느껴야 합니다.

자기 마음속에 귀를 열고, 마음의 눈을 뜨고 항상 깨치려고 노력하십시오. 어떤 문제이든, 내가 사랑해야 할 사람에게, 사랑을 주지 않음으로써 일어난다는 사실을 가지고 있으면, 이것도 '내가 사랑이 부족해서 일어났구나' 라고 깨우쳐 집니다. 마음의 눈을 늘 열어두고 지금 나를 괴롭히는 사람에게 감사하면 그것이 풀어집니다.

자신은 원만하고 무한한 능력을 가지고 있으며, 또 사랑을 하면 모든 일이 해결됩니다. 감사하면 사랑이라는 것이 나타난다. 고통과 괴로움은 나를 키워주는 비료라는 것을 알아야 한다. 용기와 열정을 가지고, 게으른 마음을 달래고, 옹졸한 마음, 분명치 못한 마음을 지우도록 용기와 열정을 가지고 노력해야 합니다. 자기가 목적을 이룰 때까지 마이너스 사고방식, 살심을 지우도록 해야 합니다.

한 집안에 이러한 이치를 공부하고 그것을 실천하는 사람이 한 사람만 있으면 그 집안은 모두 구원됩니다. 내가 이 진리를 실천하면 남편도 진리를 터득하게 됩니다. 물론 두 사람이 함께 진리를 같이 실천하면 그 효과는 몇 배로, 몇 백배로 늘어나는 것이 사실입니다. 그래서 한 집안에 성직 자 한 사람이 나면 9대가 복을 받고, 구원을 받는다는 것이 바로 그런 것입니다.

'기도를 어떻게 할 것인가?'에 대해 이야기해 보겠습니다. 먼저 결심하고, 이루어진 모습을 머리속에 그리고, 이루어 진 것에 감사하고, 이루어질 때까지 계속 기도해야 합니다. 가령 자식이 없는 사람이 자식을 낳겠다고 결심하면, 이미 낳아서 재롱부리고, 뒷바라지하고, 성장해 가는 모습을 그 리고, 이미 생각한 것은 현실로 나타난 것이니까 이루어질 때까지 감사합니다 하면 그것이 눈앞의 현실로 나타납니 다.

이 우주는 하나입니다. 한 사람의 일생은 태어나 죽을 때까 지 모두 기도 덩어리입니다. 그러니 함부로 말하지 마라, 구 업 짓지 마라. 저 사람 미워 죽겠다, 나는 아무것도 모르고 그렇게 말했는데, 그것이 바로 기도입니다.

이 세상에 태어나 죽을 때까지 내 앞에 나타나는 것은 모두 현존입니다. 현재 지금 내 앞에 나타나는 모습, 내 앞에 나 타난 모두가 부처님입니다. 우주 만물 중에 어디에도 부처님이 계시지 아니한 곳이 없습니다.

그러니까 내 앞에 나타난 모든 대상은 부처님이라는 것을 알아야 합니다. '내가 바로 부처님이고, 내 앞에 나타난 모든 대상이 부처님입니다. 그러니까 내 앞에 나타난 모든 것은 나를 사랑하고, 내 앞에 나타난 모든 것은 나에게 가르침을 주고 있는 것입니다'

비록 지옥을 관장하는 귀신이라고 할지라도, 부처님이 그런 모습으로 나타나 나에게 가르쳐주고 있는 것입니다. '자기에게 어떤 악독한 짓을 하는 사람도 하나님이고 부처님이다.' 그것은 하루 아침에 안됩니다. 훈련을 해야 합니다. 남을 미워하면 이미 지옥에 들어가 있는 것입니다. 그곳을 빨리 벗어나야 합니다. 빨리 참회하여 벗어나는 트레이닝이 필요합니다.

'일체유심조一切唯心造'. 모든 것은 다 마음이 지어서 하는 것이고, 모든 것은 다 마음이 관해서 나타난 것입니다.

여기서 '이 우주는 하나다' 라는 것을 꼭 알아야 합니다. '무한한 과거부터 무한한 미래까지 전부 통틀어 우주는 하나다.' 그것만 생각하시기 바랍니다. 그러면 '그 우주 속에 있는 A도 B도 그 하나의 우주에 속해있는 하나다.' 다시 말해 '나는 하나다. 나는 즉 우주다.' 그러니까 내가 잘 살려면 네가 잘 살아야 하고, 내가 행복하려면 네가 행복해야 하는 것입니다. 네가 못 살면 나도 못 사는 것입니다. 우주는 하나이기 때문입니다.

'이 몸이 즉 부처다. 이 우주가 즉 부처다.' 그러니까 자타일시성불도自他一時成佛道, 내가 성불하면 다른 사람이 같이 성불하는 것입니다. 나만 성불하고 다른 사람은 성불 안 되는 것이 아니고, 내가 성불하면 다른 사람이 저절로 성불하는 것입니다. '자기를 닦는 것이 우주를 닦는 것이고 우주를 닦는 것이 자기를 닦는 것이다.' 이 우주가 나 자신이기 때문에 이 우주의 그 어떤 것도, 공해로부터, 오염으로부터, 마이너스 사고방식으로부터 구원해야 합니다.

그것이 내가 이 세상에 태어나 할 일이고 내가 살아가는 목적입니다. 이 세상은 오염된 것, 과거 업장으로 쌓여있는 것을 씻는 훈련 도장입니다.그것을 위해 우리들은 이 세상에 태어났고, 조금이라도 씻기 위해 노력하고 있습니다.

우주 만물과 화합하고, 우주 만물을 사랑하는 것이 진리입니다. 진리를 사랑하는 것은 우주 만물과 화합하는 길입니다.

부처님이 자기 팔과 다리가 다 잘려 나가면서도 더 헌신할 것이 이것뿐인가 하고 말했듯이 사랑으로 가득 찬 만큼 지혜가 밝아지고 우주 전부를 사랑하는 사람은 우주 전부를 알게 됩니다. 열심히 사는 것 그것이 바로 기도입니다.

기도를 할 때 첫 째, 먼저 마음이 화평하고 평화롭기를 기도하세요. 미움이나 걱정, 불안이나 공포가 없는 편안하고 안정된 상태가 되기를 기도해야 합니다. 평화롭지 못한 상태에서는 결코 참다운 기도가 이루어질 수 없습니다. 내가 누군가를 미워하고 있다면 그 미움은 바로 나에게, 내가 먼저 해를 입는다는 것을 알아야 합니다. 미운 마음을 가지고 기도를 하면 항상 어두운 생각이 날개를 달고 펼쳐지게 됩니다. 사랑의 마음으로 기도를 하면 항상 밝은 생각이 나에게 은혜를 베풀게 됩니다.

두 번째, 내가 이 세상에 나와 해야 할 일을 가지고 나온 것입니다. 그 해야 할 일이 무엇인가를 관하고 그것을 위해 기도하세요. 언제나 지금 여기가 가장 중요합니다. 지금 하고 있는 일, 지금 살고 있는 시공간, 지금 대하고 있는 사람, 그 사람과의 시간은 영원히 다시 만날 수 없는 일기일회의 자리입니다. 일일신日日新이라고 나날이 새롭게라는 말이 있는데 순간순간을 새롭게 최선을 다해 사는 사람이 가장 멋진 사람입니다. 이 세상에 올 때 나는 무언가 할 일을 가지고 나왔습니다. 그것을 다 하고 가도록 기원을 해보십시오.

사람이 먹는 것은 음식만이 아닙니다. 사람은 생각을 먹고 살아갑니다. 나쁜 생각을 먹으면 나쁜 생각이 오고, 좋은 생각을 먹으면 좋은 리듬이 옵니다. 늘 명상을 하고 맑은 생각을 가지면 보이지 않는 존재를 인식할 수 있게 되고, 들리지 않는 내면의 소리도 들을 수 있게 됩니다.

자기 자신을 똑똑히 보려면, 자기 자신이 원만하고 무한한 능력자임을 똑똑히 보려 하면, 제일 먼저 분노와 원망을 빨리 씻어야 하고, 분노와 원망으로부터 자유를 찾아야 하며, 증오부터, 미워하는 것으로부터 자유를 찾아야 하고, 다음에는 자기가 지금까지 축적한 지식, 그것에 얽매인 기억으로부터 자유를 찾아야 합니다. 그러면 자기 자신을 똑똑하게 관할 수 있게 됩니다.

공부를 많이 한 노인이 살았는데, 집에 좀도둑이 들어오는 거예요. 도둑이 들어와서 자루에 쌀을 많이 퍼가니까 노인이 "젊은이, 한 번에 많이 퍼가면 너무 무겁다. 조금씩 자주 퍼 가라."라고 했습니다.

자기 자식이 의견을 표현했을 때도 감탄하고, 기뻐해야 합니다.

어떤 문제가 주어져도 무조건 못한다고 단정하지 말고 하려고 하는 마음을 먼저 일으키면 길이 열리게 되어 있습니다. 사람은 단점과 장점이 있는데, 단점이 있으면 장점으로 돌려 만들고 장점이 단점이 되지 않도록 잘 해야 합니다.

가령 '나는 솔직하고 공정한 사람이다' 그 장점을 지나치게 하면 재치가 없고 잔인한 사람이 됩니다. 나는 '재치가 있다'고 뻐기는 사람은 자기도 모르는 사이에 미꾸라지가 되고, 속임수에 능한 사람이 됩니다.

'나는 신념이 강하다'는 사람은 고집쟁이, 남과 화합하기 못하는 사람이 됩니다. '나는 언제나 사려 깊고 남에게 잘 양보한다' 그런 사람은 과감성과 용맹이 없는 사람이 됩니다. 건강에 집착하는 사람은 자기도 모르게 우울증에 빠지고 맙니다. 조심을 많이 하면 비겁한 자가 되고, 너무 자유를 부르짖으면 방종한 자가 되고, 신념이 강한 사람은 오만한 자가 되고, 장점이 단점으로 바뀌게 됩니다.
또 단점이라고 했던 것이 장점이 될 수가 있습니다.
아이들을 보면 건드리면 부수고 분해하는 단점이 결국은 라디오 소리를 잘 나게 하고, 시계를 잘 고치는 건설적인 성격이 되고, 남에게 잘 속는 사람은 오히려 이해성이 많고 동정심이 많은 사람으로 바뀌고, 무엇이든 잘 덤비는 사람은 다재다능한 사람이 됩니다.
게으른 사람이 깊은 사색, 탐구하는 정신을 가져오고, 허영심이 많은 사람은 관대한 마음을 가집니다. 우리가 자기 자신을 잘 보고 관하는 것은 원만하고 무한한 능력이 있다는 것을 관하는 것입니다. 우리는 참으로라고 하는데 그것은 참

의 모습을 나타내라, 서로 좋아하는 마음을 늘 가져야 하는
데 어떤 사물이든 껍데기를 보지 말고 그 속의 실상을 잘 관
하는 마음으로 바꾸어야 합니다.

인생은 서로 찬탄하고 감동하고 기뻐하고 즐겁게 살기 위
해 있는 것입니다.

제3장

우주
만물은

하나이다

꽃과 나무를 보면 편안하고 행복해지는 느낌이 든다. 마치 마음씨 좋은
친구와 함께 있을 때 우리가 저절로 웃게 되는 것처럼.
- 「식물도 생각한다」 저자 피터 톰킨스와 크리스토퍼 버드 -

우주 만물은
하나이며
나 자신이다

우주 만물은 하나이며 나 자신이다.

우주만물은 모두가 하나이며 그것은 내 자신입니다. 우주 안의 어떤 대상도 내 자신에 속합니다. 너도 내 자신이며 제 3자인 그도 내 자신입니다. 나무도, 모든 식물도 나이고 개나 고양이를 포함해서 모든 동물도 나 자신입니다.

내 가까이 있는 존재뿐만 아니라 지구 반대쪽에 있는 그 어떤 대상도 나 자신이며 생물뿐만 아니고 미생물도 내 자신입니다. 나아가 밤하늘에 보이는 별들도 내 자신입니다. 즉 우주 안의 모든 것은 하나이기 때문에 나 자신입니다.

우주는 어떻게 시작 되었나.

우주는 상상할 수 없을 만큼 넓고 천체도 많습니다. 우주는 약 100억년~200억 년 전에 대폭발로 탄생했다고 합니다. 지구를 포함해 태양계의 별들은 약 45억 년 전에 만들어졌다고 추정되는데 보통 40억년~50억년이라고 합니다.

은하계는 약100억 년 전에 만들어진 것으로 추정합니다. 은하에는 수백 만 개의 별(행성, 위성, 혜성, 유성체) 또는 4백억 개의 별이 있고 우주에는 또 수백 만 개의 은하계가 있다고 합니다. 한 개의 은하와 다른 은하 사이에는 보통 약 270만 광년이나 떨어져 있다고 합니다.

우주만물은 서로 사랑하고 있다.
우주 안에 있는 만물은 모두 하나이고 나 자신이기 때문에 서로 사랑하고 있는 것입니다. 우주 안의 만물이 서로 사랑하는 것이 본 성품입니다.

이 세상에 존재하는 것은 모두 존귀하고 소중하다.
이 세상에 존재하는 만물은 모두 존귀하고 소중합니다. 이 세상에 존재하는 모든 것은 사랑스럽고 아름답습니다. 모든 만물은 우주에 속하며 내 자신이기 때문입니다.
에고(ego)를 버리고 무심無心, 무아無我를 찾으면 저절로 모든 대상이 내 자신임을 깨닫게 됩니다. 그러면 저절로 우주만물을 사랑하게 되고 내 자신이 우주만물에 대해 부드러워짐을 자각하게 됩니다.
나 자신이 사랑덩어리이기 때문입니다.

신神과의
만남

신神이라는 것은 완전원만하고 전지전능한 무한 능력자, 그것은 이 우주가 하나의 생명이라고 볼 때 신은 이 우주에 꽉 차있는 기운을 관장하고 있습니다. 관한다는 것은 우주의 대생명과 자기가 무아일체가 되어 관조하는 것을 말합니다.

사실은 자기 자신 속에 무한한 힘을 가지고 있는 것입니다. 그것을 아무런 제제도 받지 않고 최대한 무한하게 발휘하게 하는 것이 신상관입니다.

신이라고 하는 것은 이름이 신으로, 하느님, 부처님같은 종교의 최고지도자로 우주 대생명의 본원, 근본, 근원입니다.

신상관이라고 하는 것은 완전 원만한 것을 관하는 것입니다. 무한한 능력자를 보고 느끼는 것이며 완전한, 무한한 능력을 공급 받는 것입니다.

가령 자기 몸에 병이 있다는 것은, 자기 안에 생명의 조율이 잘 맞지 않아 질병이 나타나는 것입니다. 속에 있는 거짓,

허상 때문에 조율이 맞지 않아 병이 난 것입니다. 완전한 신의 모습을 관조함으로 인해 자기 조율이 맞추게 되는 것, 염불이 바로 그것입니다.

부처를 염하는 염불로 관세음보살을 자꾸 부르면 부처의 대생명력, 대기운을 자기화해서 조율을 맞추는 것입니다. 신상관이라는 것은 대생명, 우주의 대본원과 자기와의 사이클을 조율하여 맞추는 것입니다. 그러면 자기의 허상이나 그릇된 지견이 녹아버립니다. 신상관은 주문이나 주술이 아닌, 가장 훌륭하고 철저한 기도입니다.

염불이 기도입니다. 부처님의 에테르 파장을 자기화하는 것, 그것이 기도입니다. 그러니까 자연 속에 들어가면 마음이 편안하고, 욕심, 탐욕을 다 잊을 수 있습니다. 자연이 무량한 법문입니다. 대자연은 그곳에 아주 맑고, 고아한 에테르파가 나와서 그곳에 가 있는 것만으로도 기도가 됩니다. 자기 속에 있는 무한 능력자를 만나게 하는 것입니다. 그래서 완전 원만한 대우주의 생명의 실상, 즉 전지전능한 신 또는 부처와 일체 된 염파를 맞추는 것이 신상관입니다.

신상관을 하는 자세는 바로 앉아 두 손을 위로 합장하는 것으로 우선 호흡을 고르고 편하게 해야 합니다.

참선하는데 수식관이라고 있습니다. 숫자를 세는 동안 다른 것은 다 잊고 그 숫자에만 몰입하는 것입니다. 수식관을 하든지 해서 호흡을 고르게 하고 기원합니다.

합장을 하고 "나는 신 앞에서는 우주 만물의 모든 것과 화합하고 일체가 된다. 나는 모든 것과 화해하고, 어떤 대상도 사랑하고, 용서하노라. 나와 우주 만물과의 사이에는 아무런 노여움도 없고, 미움도 없고, 불평도 없으며, 완전히 평화로우며, 본래의 일체로 돌아간다."

이것을 몇 번 되뇌이면 마음이 평온해집니다. 그렇게 평온해지면 다시 기원을 합니다.

"나는 우주 만물과 일체이고, 대화합을 이루었으므로, 우주 만물은 모두 나를 위해 움직이고, 모든 지혜는 나를 위해 나타나도다."

이렇게 하는 동안 문득 지혜가 나타납니다.

지혜를 주는 대상이 바로 부처님이고, 문수보살입니다. 그런데 여기서 한 가지 중요한 문제가 있습니다.

그것은 신시神示와 영시靈示입니다.

신시라고 하는 것은 신의 계시, 즉 우주 대본원, 우주 전체의 파장이 가르쳐주는 계시고, 영시는 자기의 영감에 의해 나오는 가르침입니다. 자기의 영감, 영혼이 판결하는 것은 자기의 아뢰야식, 자기의 인격체, 자기의 아스트랄체에 남아있는 모든 기운과 축적을 근거로 해서 판단하는 것, 그것은 불완전한 것이고, 허상에 메여 있습니다.

영시는 영혼이 들어있기 때문에 어떤 때는 딱 맞지만 어떤 때는 훼방을 놓고 심술을 부려 완전히 다른 지혜를 줄 때가 있습니다. 그래서 영시는 우리가 멀리해야 할 것이고, 오로지 신시만 찾아야 합니다.

신시와 영시는 어떻게 다르냐? 신시는 우주 만물과 화합한 자에게 나타나는 것이고, 이기적인 마음을 가지고 있는 사람에게는 영시가 나타난답니다. 그러니까 기도할 때는 절대 삿됨에서 벗어나야 합니다.

집착성을 가진 영혼의 기도는 영시를 불러옵니다.

신시라는 것은 완전원만하고 우주 만물과 화합하는 생명의 실상입니다. 우리는 항상 그것만 관하면 됩니다. 이 우주에 충만한 무한한 공급을 받으려면 신상을 관하라는 것입니다.

자기 마음 자체도 신으로부터 나오고, 원융무해한 것이 자기 마음인데 그곳에 씨앗이 잘못 들어가서 아집이나 집착이나 상을 냅니다. 생명의 실상의 가장 중요한 요체가 성경과 불경에 있습니다. 무릇 눈에 보이는 것은 다 허상이고 눈에 보이지 않는 영원 불명한 것이 나의 참 모습입니다. 모든 것이 물거품이고 모든 것이 일과성입니다.

그렇게 기원을 하면 신상의 염파, 파장이 자기에게 옵니다. 하나의 사실이 갑이라는 사람에게는 불평의 원천이 되고, 을이라는 사람에게는 기쁨의 원천이 됩니다. 자신이 하고 있는 선행에 가족이 따라주지 않는다고 불평을 할 수 있지만, 자신이 가족보다 앞서 광명의 길을 알게 되었다고 기뻐할 수도 있습니다. 항상 밝은 쪽을 바라보면 생장하고 어두운 쪽을 바라보면 암흑의 세계로 추락합니다.

항상 밝은 염파를 생각하고 접촉하면 어떠한 일에도 기쁨을 찾을 수가 있습니다. 비가 오면 우울하다는 대신 '해갈이 되어 다행이다.' 라고 감사하는 마음을 갖고 생활해야 합니다. 이 세상에는 헛된 것이 하나도 없다는 것을 알았을 때 우리는 이 세상에 대해 슬퍼할 것이 전혀 없다는 것을 알게 됩니다. 무엇이든 존재하는 것은 모두 자기 역할이 있습니다. "Anytime, Anywhere, 어느 시간 어느 장소든지 천국이고 극락이다." 이것을 항상 염하는 것입니다.
이런 문구가 있습니다.
"괴로움과 슬픔과 분노가 일어나는 원인은 하나의 입장에 집착하기 때문이다."
한 가지 입장에 집착하는 한, 모든 것은 밝고 원만할 수가 없습니다. 항상 남의 입장에서 바라보고 헤아릴 수 있어야 합니다. 우리는 입장을 초월하여 무無라고 하는 속에 스며들어 무無 자체도 초월하여, 다시 빛이 가득한 세계로 약진해야 하는 것입니다.
웃으면 광명이고 실상을 관하면 광명이고, 허상을 관하면 실상과 멀어지는 어둠이기 때문에 항상 빛을 관해야 됩니다.
내 생각을 말할 때는 '나' 라는 한 사람의 입장을 고수하게 될 경우가 많습니다. 하나의 입장을 고수하는 한 나와 다른 생각도 용납해야 하는 것입니다.

어떤 대립적 입장도 포용해야 됩니다. 마음의 평화를 얻는 것이 행복의 바탕입니다. 마음의 평화를 얻을 수 없으면 억만장자라 할지라도 아무런 행복도 가져오지 못합니다. 그것은 오히려 우리 생활을 휘젓고 우리를 지옥으로 몰아넣는 짐이 됩니다. 행복이 부의 유무는 아닙니다.

그렇다고 우리가 부를 배척하는 것은 아닙니다. 부에 사로잡히지 말고, 부를 좋은 일에 이용할 수 있는 자는 부가 늘어날수록 세상을 위해 하는 일도 많아지지만, 많은 사람이 부를 얻으면 거기에 사로잡히고 마는 경우가 허다합니다. 부를 가지면 그것의 증식만을 꾀하게 되고, 그것을 빼앗기지 않으려고 모든 수단을 강구하게 될 것입니다. 여기에 사로잡혀, 자신 속에 이미 내재하는 무한의 부를 잊기 쉬운 위험이 있게 됩니다. 외부의 부가 아닌 자신 속에 공급하는 부가 최고의 부, 그것이 우리를 풍요하게 하고 행복하게 하는 것입니다.

많은 부호들의 가정에는 불상사가 항상 있기 마련입니다. 누구나 필요 이상으로 부를 갖는 것은 인생에 불필요한 무거운 짐을 지는 것과 같습니다. 무한 공급이란 포식한다는 것이 아니고, 필요한 만큼 식탁에 오른다는 것입니다. 이것은 식사의 개념만이 아니라 돈에 대한 것도 마찬가지입니다. 내가 돈이 있으면 무엇을 하겠다가 아닌 목적을 먼저 세우면 무한 공급이 따라옵니다.

우리가 항상 신상관을 하고 신의 화두를 놓지 않으면 신으로부터 사랑받게 됩니다. 아무리 아름다운 장미꽃도 가시에 찔리면 순간적으로 버림을 받는 것처럼 남에게 미움을 받는 것은 마음의 가시가 있기 때문입니다. 가시가 돋친 시선, 가시 돋친 말, 모나는 행동 하나하나를 억제하려고 해도, 좀처럼 고쳐지는 것이 아니기 때문에 먼저 가시 돋친 마음을 버려야 하는 것입니다.

가시 돋친 마음을 고치기 위해서는 그 마음을 제대로 알아차려 살펴보고 억제하지 않으면 좀처럼 고쳐지지 않습니다. 어둠은 제아무리 억제해도 사라지는 것이 아닙니다. 어둠이 변하기 위해서는 빛을 가져오면 됩니다.

가시 돋친 마음이 자신에게 있다고 깨달았으면 그 반대의 것을 가져와야 됩니다. 자신은 상냥하기만 하고, 가시 돋친 마음이 전혀 없다고 생각해야 가시가 없어지는 것입니다.

어떤 사람이 편지를 보내왔습니다.

이런 이치를 공부해보니 '약을 먹지 마라, 약은 허상이다. 그런 가르침이 있는데, 실제로 약을 안 먹는 것이 좋습니까?' 이런 질문을 해 왔습니다.

약을 멀리하여 질병이 낫는 사람도 있고, 약을 멀리하지 않고도 병이 낫는 사람이 있습니다. 오히려 기도하는 심정으로 약을 먹으면 병세가 현저히 호전되는 사람도 있습니다. 이것은 그 사람 나름의 마음의 깨달음이 있기 때문입니다.

환자에게 무작정 약의 복용을 중지하라고 처음부터 말하는 의사는 없습니다. 만약 환자로서 약을 복용하는 자가 있다면 그것을 그대로 먹도록 하고, 이와 같이 믿음을 가지고 복용하면 질병은 빠른 시일내에 낫게 될 것입니다.

모든 사람의 죄를 용서하는 것은 우리의 과오 또한 대생명인 신으로부터 용서받기 위해서입니다. 만약 우리가 마음의 문을 닫고 남을 용서하지 않는다면 대생명의 고치는 힘도 닫혀서 우리에게 흘러들지 못할 것입니다. 신에 의해 낫게 되는 공양이라고 생각해서 약을 먹고, 나의 살심을 없애주는 공양이라고 생각하십시오.
약을 먹을 때의 마음가짐이 중요합니다. 신의 가호에 의해 자신이 또다시 이웃을 미워하거나 화를 내는 죄를 범하지 않기 위한 공양이라고 생각하십시오.
한 잔의 음료수를 손에 들고, 모든 사람의 죄들이 나의 마음을 씻고 마음에 남기지 않기 위한 상징이라고 생각하여 약을 복용해야 합니다.
화를 내는 것과 상대방에게 악의를 품는 것은 상대방을 죽이는 것과 마찬가지입니다. 나에게 상대가 욕을 하거나 악을 품는 말을 할 때 '감사합니다' 하면 그 독이 상대에게 다시 돌아갑니다. 기쁨을 나누는 곳에 즐거움이 모여듭니다. 기쁜 마음으로 세계를 보면 모든 것이 기뻐집니다. 하늘이 기뻐지고 공기가 기뻐지고 빛도 기뻐하게 되고, 식물이 기뻐지며, 인간이 기뻐집니다. 마음이 기뻐지면 태양이 만물을 비추듯 만물이 기뻐지는 것입니다. 마음이 어두워지면 태양이 가린 것처럼 만물이 어둡게 보입니다.

다만 자신이 해야 할 일을 기뻐하는 것뿐이다. 이 얼마나 기쁜 일입니까? 자신이 살고 있는 이 우주에는 자신의 의지에 반대하는 의지란 한 가지도 존재하지 않습니다. 왜냐하면 자신이 신의 아들이며 우주의 생명은 신 자신이며 우주는 신의 지배에 있기 때문입니다.

내가 기도하면 천지는 호응합니다. 신은 언제나 나의 기도에 호응하며, 나를 위한 장소를 갖추시고, 보물을 갖추는 것은 물론이고, 때를 마련하시고, 모든 필수품을 주시기 때문입니다.

창조의 마음을 갖는 한, 앓고 죽는 일은 없습니다. 창조의 마음을 갖는 자는 젊어지고, 현상세계는 표현의 세계이므로 표현해야 할 내용이 마음속에서 없어졌을 때 이 세상에서의 수명은 끝날 것입니다.

어린이가 활발한 것은 어린이의 내부에 언제나 새로운 표현 내용을 간직하고 있기 때문입니다.

항시 새로워지는 것이 영원히 죽지 않는 길입니다. 물은 고여있는 상태일 때 부패하듯이 생명의 물도 이와 같습니다.

나는 어떻게 하면 병이 나을 수 있겠습니까?

'당신은 초조해하고 있군요. 빨리 낫기를 바라고 있군요. 안절부절못하고 있군요. 당신은 가족과 마음의 거리가 있군요.' 이런 초조한 심정으로는 질병이 낫지 않습니다. 특히 가족과의 마찰이 있으면 병은 낫지 않습니다. 마찰이 없다고 당신은 항변하실 것입니까? 마음으로 집착하고 있지 않다고 말하지 못 할 테지만 정말 만족하고 계신가요? 일거리가 '고맙다, 순전히 돌봐주고 있다.' 는 생각으로 가족에게 감사하고 있습니까? 그렇게 하고 계실까요? 무엇을 해주었으면 하는 마음은 불평입니다. 또한 동정을 추구하는 마음입니다. 그런 마음 자체가 질병입니다. 질병은 육체에 있는 것이 아니라 마음 자체에 있습니다. 바른손이 움직이지 않으면 움직이는 왼손이 있는 것에 감사하십시오. 모든 것을 감사하는 심정으로 돌아가야 합니다. 감사하고 있는데 아직도 병이 낫지 않는다고 불평하고 계십니까? 결과가 여전히 불평이라면 마음가짐이 변했다고는 할 수가 없습니다. 모든 것에 감사하는 마음으로 돌아가 이제는 '질병이란 없다' 는 믿음에 도달하도록 하면 이 질병은 없어지는 것입니다.

항상 사람에게 열기를 공급하는 태양은 열이 식어가는 것으로 생각되지만 사실은 반대로 그 열량이 늘어난다고 최근의 천문학은 입증하고 있습니다. 남에게 아낌없이 주고 항상 사랑을 베푸는 사람도 태양처럼 자신이 자꾸만 남에게 주는 것이 늘어나는 것입니다. 태양이 지상에 계속 열을 보내고 있기 때문에 지상의 만물은 자라는 것이고 이것이 보은입니다. 보은이 있는 곳에 만물은 존재합니다.

'꾀꼬리가 울고 있다. 매우 맑은 소리로 울고 있다. 영롱한 소리다. 전혀 흐린 데가 없는 소리다.' 그것은 암수가 서로 부르는 소리인데도 전혀 음탕하게 느껴지지 않습니다. 천지 그 자체의 찬가처럼 들리는 것은 무엇 때문일까요? 그것은 꾀꼬리에게 마가 없기 때문입니다. 천지 생명과 하나가 되어 있기 때문입니다.

'매화가 향기를 피우고 있다. 청아하기 이를 데 없는 향기에 송이마다 정교하다' 이렇게 아름답기만 한 꽃잎, 암수의 아름다움에는 아무런 음탕함도 없습니다. 그런데도 식물학자는 이 꽃도 암수가 서로를 부르기 위한 것이라고 가르칩니다.

대나무는 하나같이 곧게 성장하는 것이 본성이며, 넝쿨은 하나같이 말려 올라가는 것이 본성이고, 풀 줄기는 땅으로 뻗어가는 것이 본성입니다. 이 각양각색인 가운데, 아름다움이 있고, 개성이 있으며, 개성 속에 하늘의 뜻이 있으며, 신이 있는 것입니다. 대나무는 대나무답게 자라도록 하고, 넝쿨은 넝쿨답게 뻗도록, 풀 뿌리는 풀 뿌리답게 뻗도록 합니다. 나무 넝쿨을 대나무처럼 곧게, 대나무를 등 넝쿨처럼 말려 자라게 하면 대나무는 죽을 것이며, 더욱 좋지 않은 것은 이처럼 외부에서 강압을 받으면 자신이 지쳐서 망하게 됩니다.

사람을, 이를테면 자신의 측도로 측정하여 선도하려고 덤비면, 상대도 죽이고 자신도 지치는 것은 이것과 마찬가지 이치입니다.

사람은 사람마다 모습이 다르듯이 그 개성도 다르며, 사물에 대한 관찰도 달라집니다. 모든 사람들이 관찰한 의견을 자신과 동일하게 생각하려고 한다면 그것은 결국 실패로 돌아가고 맙니다. 그리하여 얻는 것은 다만 본인의 초조와 피로와 상대방으로부터 받는 혐오일 뿐입니다.

그 누구나 다른 사람의 의견에 강요당하는 것은 기뻐할 일이 못되므로, 지나치게 독선적으로 다른 사람에게 강요하는 경우는 그 사람에게 미움을 살 수밖에 없습니다. 자기 자신이 터득하고 있는 진리로서 무엇인가 상대방에게 바치는 실험적 봉사를 하면서 상대방의 의사에 맡겨주는 것이 좋습니다. 상대방이 신의 아들의 선량함을 믿고 자유롭게 맡겨버리세요.

이리하여 사람이 정말 자유롭게 맡겨졌을 때, 돌고 있는 팽이를 건드리지 않고 자유롭게 했을 때, 축을 중심으로 하여 일어서듯이 올바르게 살아가는 것입니다.

'그대가 바라는 것을 먼저 생각하라.' 생각하는 것이 얻을 수 있는 시발점입니다. 생각한 상이 이미 있는 것으로 간주하고, 실현되기까지 노력하면 공급 무한의 세계에서 어떤 사물을 얻으려고 하는 생각이 자신 속에 일어났다는 사실만으로 이미 자신도 모르게 준비되어 있는 것입니다. 그것을 준비하는 존재를 신뢰하도록 하세요.

우리가 소원을 빌면, 소원한 것은 이미 영계에 이루어져있는 것입니다. 그러니까 영계에 이루어져 있는 것은 이 현실 세계에 반드시 나타납니다. 내가 무엇을 소원하면 그것은 이미 이루어져 나타난다는 것이 당연하기에 이루어진 것에 감사해야 합니다.

이미 모든 것이 성취되어 있는 것이 이 원리의 가르침입니다. 지상에는 흐려 보이고 비가 오는 것이 보여도 태양의 참된 모습은 흐린 것이 없는 것처럼 이 세상에 뜻대로 되지 않는 것이 보여도 우리에게는 이미 성취되어 있는 것입니다. 이렇게 참된 인생이 되면 마음에 기쁨이 샘솟습니다. 마음에 기쁨이 솟으면 그 기쁨이 형태로 나타나 행복한 운명이 되는 것입니다.

불평만을 마음속으로 생각하고 있으면 불평으로 느껴지는 것이 나타납니다. 불평으로 생각하기 때문에 불평으로 느끼는 것들이 사실로 나타나는 것입니다. 자기 자신이 자기에게 불평을 제공하면서 신에게 염하고 있는 처지로는 행복이 찾아오지 않습니다. '그대들이 믿는 것처럼 될지어다.'는 진실한 가르침입니다. 불평을 마음속으로 생각하지 않으면 불평할 만한 일들이 나타나지 않습니다. 불평을 생각하면 불행과 불편이 순환하는데 이것은 마음의 법칙을 모르기 때문입니다. 현재 눈앞에 일어난 불평을 실제로 있다고 생각하기 때문에 기뻐하려 해도 기뻐할 수 없고 불평이 그치지 않습니다. 불평의 가마솥을 가열시키면서 불행의 기관차를 멈추게 할 수가 없습니다.

어떻게 하면 불평을 생각하지 않게 될까? 현재 눈앞에 전개된 것은 지난날 자신이 생각했던 상념이 현재의 형태로 나타나 살아지는 것입니다.

인격의 본질은 자유로운 것입니다. 그러므로 우리는 언제나 현재보다 더 광범위한 자유를 얻으려고 염원하며 지난날과 비교하여 더욱 자유로워졌을 때 행복을 느끼고, 자유가 줄어들었을 때 불행을 느끼게 됩니다.

참된 인간인 자신은 결코 괴로움에 시달릴 수는 없습니다. 우리는 이 참된 자신을 발견하여 거기에 완전한 자유를 부여하지 않으면 안 됩니다. 참된 자유를 알기 위해서는 진리를 알 필요가 있습니다.

신은 우주창조의 최고의 완성자로서 인간을 신의 모습으로 만들었습니다. 그리하여 만물을 지배할 권리를 부여하였습니다. 이것이 참된 인간의 사명이고, 이 사명을 다하는 자가 완전한 인간이라는 것입니다.

바른 인간을 자각할 때 모든 불완전은 사라지고 부족함은 없어지며, 일체의 고뇌에서 해탈된 인간이 성취되는 것입니다. 그러나 그 자유를 문자의 표면을 건드리는 것만으로 이미 얻었다고 생각하여 자만에 빠져서는 안 됩니다. 올바른 계율을 지킬 것과 정진, 노력, 선정적 연구, 사랑과 인욕, 진리가 담긴 서적의 독송과 수행이 필요합니다.

실상과 허상을 확실히 구분할 줄 알아야 합니다. 허상은 무엇이냐? 자기의 인격체를 담고 있는 제8식 아뢰야식阿賴耶識, 아스타랄체에 담겨있는 자기의 인격체입니다. 그것은 죽으면 그대로 따라갑니다. 이미 아스타랄체를 청정하게 하는 것 그것이 정심淨心, 암마라야식이다.

병을 낫게 하는 방법은 여러 가지가 있습니다. 어떤 사람은 약을 먹고, 어떤 사람은 잠을 자고, 어떤 사람은 목욕을 하고, 어떤 사람은 운동을 하고, 어떤 사람은 병원에 입원을 하고, 병을 낫게 하는 방법은 많습니다. 그러나 원리는 무엇이냐? 완전함과 조율을 맞추는 것입니다. 부조화를 바로 잡는 것이 바로 병을 낫게 하는 가장 중요한 요소입니다. 먼저 지금 있는 모든 것에 감사하고, 내가 누구에게 살심을 품지 않았는지 참회하는 가운데 자기를 얽매고 있는 가짜의 모습이 신상으로 조율이 바뀝니다.

가령 가족 중에 병이 있다면 제일 먼저 부부가 화합해서, 잘 지내야 하고 부모와 자기, 자기와 자식 간에 화합을 이뤄야 합니다. 조율이 맞춰졌는지 아닌지를 시험해 보려면 웃어 보면 알 수 있습니다. 편안하게 웃어지면 조율이 잘 되어있는 것이고, 잘 못 웃으면 조율이 잘 안된 것입니다.

기분이 나빠지고 짜증이 나면 자기 몸은 산성 체질이 되고 혈액순환도 나빠지며, 심장 판막이 부담을 갖게 됩니다. 여러 가지 다른 합병증도 오게 되는 것입니다. 즐거워하고 기쁜 마음을 가지면 웃음도 잘 웃게 되는데, 그러면 알칼리성 체질이 되고, 혈액도 맑아지며, 소화도 잘 되고, 체질도 순조로워져 순환계 계통의 병이 치료됩니다.

상대가 자기에게 무엇을 해 줄 것인가를 바라는 사람은 평생이 불행한 사람입니다. 항상 상대를 위해 내가 무엇을 해 줄 것인가를 생각해야 행복합니다.

질병과 고민과 괴로움은 허상을 보기 때문에 그렇고 실상의 세계에서는 병이란 없습니다. 질병이라는 것은 가짜의 나가 거울에 비친 것이기 때문에 가짜를 보지 말고 진짜 참

모습을 보는 훈련을 계속해야 합니다.

기도할 때 '나는 완전한 사람이다.' '나는 무한한 힘이 넘치는 사람이다.' '지금 나는 완전하다.' 그렇게 파장을 맞춰야 합니다. 앞으로 '내가 완전해질 것이다' 하는 것은 불완전의 연속입니다.

이미 내가 완전하다는 것에 조율을 맞춰야 합니다. 그리고 건강하고 싶으면 건강한 사람을 자꾸 찬탄하고 아픈 사람도 건강하게 보도록 해야 합니다. 아무리 아파 보이는 사람도 자세히 보면 반짝반짝 빛나는 곳이 있습니다. 생기가 있고, 그 사람에게 조율을 건강하다고 맞추면 그 사람도 나도 건강해집니다. 항상 타인을 건강하고, 완전하고, 훌륭한 사람으로 기뻐하고 찬탄하십시오.

병은 찬스입니다. 아프면 건강에 도움이 되도록 해야 합니다. 아픈 사람은 아픈 것에 항상 주의하기에 오래 사는 것입니다. 아프다는 것은 찬스이고 원하는 일이 잘 안되는 것도 찬스입니다. 그보다 더 훌륭한 것이 기다리고 있습니다. 병상에 오래 머물면 좋은 소설을 쓰거나 좋은 사색가가 되거나 좋은 예술가가 되거나 좋은 과학자가 되거나. 아픈 것에 대해 짜증내고 불평 불만하기 보다 아픈 것에 충실하다 보면 멋진 인생이 옵니다. 더 좋은 것이 기다리고 있을 수도 있으니 아픈 것은 찬스이고 더 나빠지는 것은 나를 성장시키는 것이라고 생각해야 합니다.

이 세상에 오면서 장애인으로 오는 사람은 평균 수명이 짧습니다. 그 사람들을 위로하고 성스럽게 봐주는 마음을 가져야 합니다. 전생이 있다면 자신이 전생에 큰 죄를 지어 이 세상에 태어나면서, 혹은 태어난 후에 불구의 몸이 되어, 그 모습으로 자기를 닦는 것입니다. 이 세상은 자기 모습대로, 내가 병자이면 병자인 모습대로 현재 내 모습 그대로 '나를 써주십시오' 하면 아픈 것도 만족이 오고 기쁨이 옵니다.

신상관은 완전 원만한 우주 대생명과 자기와 만나는 것입니다.

신상관을 마음속에 새기면서 깊이 받아들여 보세요.

"나는 신 앞에서는 우주 만물의 모든 것과 화합하고, 일체가 된다. 나는 모든 것과 화해하고 어떤 대상도 사랑하고 용서하노라. 나와 우주 만물의 사이에는 노여움도 없고, 미움도 없고, 불평도 없고, 완전히 평화로우며 본래의 일체로 돌아간다. 나는 우주 만물과 일체이고 대화합을 이루었으므로 우주 만물은 모두 나를 위해 움직이고, 모든 지혜는 나를 위해 나타나도다." 이런 수행을 항상 실천하면서 자신의 완전 원만함을 믿도록 해야 합니다.

정심행
'마음을 맑게하는 행위'

정심행 즉, 마음을 맑히는 행위, 행동을 설명하는 내용을 말씀드리겠습니다.

먼저 각 가정에 자식, 아이들과 부모의 관계가 문제가 있는 경우가 있습니다. 아이들의 반항하는 모습, 그리고 성장에 대해 먼저 이야기 합니다.

자식은 자라는 과정 중 부모 앞에서 여러 가지 모습을 나타냅니다. 반항하는 모습도 그중 한 가지입니다. 자식이 부모에게 반항하는 원인이 여러 가지가 있습니다.

'자식을 어떻게 이해하고, 어떻게 키워가야 하는가?'

진지하게 생각해 볼 문제입니다.

자식이야기를 하면 자식은 성장 과정에 따라서 자아라는 것을 느끼게 되고, 자기 나이에 상응하는 의견이나 이치를 말하면서 독립해 갑니다. 그럴 때 부모가 자식에게 못됐다,

부모에게 이기려고 한다, 부모에게 반항한다, 그렇게 생각해서는 안 됩니다. 자식이 자기의 의견을 당당하게 발표하는 것을 대견하게 생각해야 합니다. 오히려 자기의 의견도 제대로 말하지 못하는 아이가 걱정입니다. 자식이 의견을 내거나 이치를 따지는 것을 반항이라고 착각해서는 안 됩니다. 그럴 때, '우리 아이가 벌써 자기 의견을 내고 있구나.' 이렇게 성장을 기뻐해야 합니다. 부모는 자식의 의견을 즐겁게 들어주고, 또 부모가 자신의 의견도 들려줘야 하는 것입니다. 부모들은 자식의 의견을 들어주는 아량도 없으면서 자식에게만 원망을 가지는 경우가 허다합니다. 부모는 자식을 느긋하게 기다려주는 아량이 있어야 합니다.

아이들에게는 성장하는 시기가 있습니다. 그럴 때가 생명력이 넘치는 시기이기 때문에 활기 차다거나 시끄럽다는 것은 오히려 당연한 것입니다. 그것을 부모들이 올바르게 이끄는 것이 중요하며, 꾸지람하거나 자식의 감정을 억압한다면 그것이 싹이 터 나중에 반항의 모습으로 나타납니다. 흔히 부모들은 습관적으로 '하지 마라, 하지 마라' 하며 억누르고, 그런 것이 만성이 되어서 나중에는 부모의 말이 효과가 없는 상태가 됩니다. 될 수 있으면 자율적으로 스스로 반성해보거나 주의해서 부모들의 걱정을 스스로 해결하도록 그물을 넓게 펼치라는 것입니다.

자기 자식은 부모의 거울입니다. 어머니가 자기 남편이나 시부모, 친정 부모, 어른, 가족들에게 반항심을 가졌다든지 비평하고 불평하는 마음을 가지고 있으면, 그 마음이 자식에게도 반영되어 자식이 반항하는 경우가 있습니다. 부모의 염파 파장이 자식에게 그대로 간다는 것입니다. 어머니 자신이 남편이나 시부모에게 순종하면 아이가 반항하던 것도 없어집니다.

말의 힘으로 아이가 나쁜 모습으로 나타나는 일이 있다. 잘 키우려는 욕심만 가지고 "너는 이게 나쁘다, 그래서는 안 된다" 이렇게 부모가 자식에게 비판하기만 하면 오히려 반대의 교육이 되는 것입니다.

따지고 비평하고 불평하는 지적들은 바로 살심을 불어넣는 것과 같으므로 자식에게는 항상 좋은 점을 찾아내서 칭찬하고, 착하다고 믿고, 좋은 모습으로 기다리면 됩니다. '너는 참 착하다, 너는 말을 잘한다, 너는 글을 잘 읽는다, 너는 무엇이든지 잘 해낼 수 있다, 너는 그림을 잘 그린다' 자기 자식의 장점을 이야기하는 동안에 그것이 자식의 운명이 되는 경우가 있습니다. 부모가 나에게 그림 잘 그린다고 하더라, 그림을 자꾸 그리니까 더욱 더 잘 그린다, 잘 그린다 하면 더 잘 그리게 되는 것입니다. 그러면 나중에 아주 훌륭한 화가의 길로 갈 수가 있습니다. 부모는 오로지 자식에게 기뻐하고 찬탄하기만 하면 됩니다.

자식은 한 사람 한 사람이 다 다릅니다. 자라나는 자식을 부모의 잣대로 자식의 싹을 꺾어버리거나 잘라버려서는 안 됩니다. 부모의 잣대도 그것이 자식을 지나치게 얽어매고 부모보다 더 발전하지 못하는 그런 사람으로 만듭니다. 부모의 집착 때문에 더 성장하지 못하고 끝나버립니다.
오로지 부모는 자식이 잘 자라나도록 자식을 항상 '완전 원만한 생명이다.' 라고 생각하고 그것을 기원하고 기도해야 합니다.

자식을 차별해서 키우면 반항을 합니다.
부모는 미처 생각지도 못하고 예사로 자신이 형제나 다른 사람과 차별해서 키우고 있다고, 미처 자각하지 못하는 사이에 자식은 차별을 느끼는 그런 과오를 저지를 수 있습니다. 형제들 중에 어떤 특정적인 자식만을 너무 칭찬한다든지, 또는 다른 형제와 비교해 열등감을 가지게 한다면, 그 아이는 움츠러들 수 밖에 없습니다. 자식들은 제 각각 개성이 다르고, 나름대로 자기 길이 있으며, 완전 원만한 모습을 지니고 있다고 믿어야 됩니다.

아이들의 반항은 태교가 원인일 때가 많이 있습니다. 뱃 속

에 아이를 가졌다고 생각이 될 때 그때 감정에 따라 천양지
차의 차이가 나타납니다.

자기 몸이 아프다 약하다 해서 임신한 아이를 원망하고 싫
어하면 이 세상에 태어나서 평생동안 싫어한다. 또 가난하
고 돈이 없는데 경제적인 이유로 자식이 생기는 것을 싫어
했다면 태어나서 경제적인 반항과 피해를 입힙니다.

생명이란 것은 정말 성스러운 것인데 생명을 잉태해 놓고
부모의 이기적인 이유로 그것을 싫어했다, 미워했다, 하게
되면 태어난 아이는 자라면서 반항아가 되기 쉽습니다. 임
신을 했다면 부모와 조상과 남편에게 감사해야 하는 것입
니다.

자기 자식에게 부모의 올바른 모습을 심어줘야 합니다. 부
모의 올바른 인생관, 국가관, 애국심을 가지고 있다는 것을
본보기로 보여줘야 합니다.

부모가 사회와 국가에 대해 불화하고, 불평하고, 불신하는
모습을 보여주면 자식도 부모를 따라 부모마저도 불신하고
반항하게 됩니다. 그러니 부모는 자식 앞에서 순진 보살이
되어야 하고, 천진 보살이 되어야 합니다.

자식의 반항하는 모습은 부모가 사랑이 부족하다는 것을
교훈으로 가르쳐주고 있습니다. 자식이 부모에게 반항하는

그 자체가 교훈입니다. 자식이 부모에게 대자대비를 훈련시키는 관세음보살입니다. 자식이 반항하는 모습 그것은 즉, 나 자신의 모습입니다. 나의 거울로서, 나의 그림자로서 나타나는 것이다. 자식이 반항하고 있으면 '나의 과오를 일깨워주고 있구나' 이렇게 생각하고 빨리 부모가 먼저 완전 원만해져야 합니다. 그러면 자식도 자연히 완전 원만해집니다. 자식의 기쁨이 나 자신의 기쁨이라는 것을 안다면, 자식을 기쁘게 해줘야 하고, 내가 먼저 기뻐해야 합니다. 그러니까 자식에게 기쁨을 주고, 가족에게 기쁨을 주면 그것이 나에게도 기쁨으로 돌아오고야 맙니다.

정심행은 마음을 맑게 하는 행위입니다. 우리 마음이 얼마나 혼탁해 있으며, 어떻게 하면 맑게 하느냐 하는 것을 알기 위해서는 우선 자기 육체, 자신의 몸을 알아야 합니다.

인간이 죽으면 육체는 그대로 두고 영혼체만 떠나간다고 합니다. 그 영혼체는 자기의 인격으로 나타난다고 하지만, 불교의 유신론에서 이야기하는 제8식 아뢰야식을 그대로 가지고 갑니다. 그러니까 자기가 평생 동안 보고, 듣고, 느끼고, 미워하고, 좋아하고, 판단한 그런 것들을 모두 창고에 갈무리를 해서 그것을 그대로 죽으면서 가져가는데, 자기 아뢰야식에 맞는 파장의 세계에 다시 태어납니다.

그래서 이 세상에 있을 때 잘 닦아서 맑은 에테르체를 가지고 다음 세상에 태어나야 맑은 곳에 태어나고, 탁한 에테르체를 가지고 죽으면 탁한 곳에 태어납니다.

영혼체와 육체 사이에는 연줄이라는 것으로 이어져 있습니다. 이 육체의 파장은 우리가 흔히 염파라고도 하고 우리가 이심전심, 마음과 마음이 전한다 할 때 무언가 전해지는 그런 상태를 말합니다. 그것을 서양에서는 '네이츄럴 일렉트릭' 이라고도 하고, '바이오 프리즈마' 라고 합니다. 이 에테르체의 파장은 사람만 가지고 있는 것이 아니고 만물이 모두 가지고 있습니다.

이 기를 서양에서는 '오라' 라고 하고 이 기가 나타나는 빛을 '오로라' 라고 합니다. 다시 말해 염기念氣가 나타내는 빛의 파장을 '오로라' 라고 합니다. 우리 눈에는 잘 안 보이지만 사람들은 각각 자기 파장을 나타내고 있습니다. 그 파장을 우리가 '에테르파' 라 하고, '오로라' 라고 하는데, 그 오로라는 색이 있고 또 소리가 있고, 냄새도 나고, 맛도 있으며, 감촉도 있습니다. 사람과 사람이 만나면 서로 오로라의 교류를 한다고 합니다.

이것은 러시아에서 부터 발달한 과학인데 '킬리안 사진' 이라 해서 사람마다 엑스레이 사진을 찍으면 그 사람의 오로라 색채가 나오는데 사람이 닦은 정도에 따라 모두 다릅니다.

그래도 사진을 찍었을 때 미국의 하버드 대학의 엘마 게이

트라고 하는 교수는 사람의 감정에 따라 혈액에 독소가 생긴다고 합니다. 실험으로 컵에 입김을 불어 넣어 거기에 응결된 물방울 속에 침전된 것을 들여다보면 감정에 따라 또는 그 사람의 닦은 정도에 따라서 여러 가지 색채가 나타납니다. 그것을 응용해서 발전시킨 것이 '킬리안 사진' 입니다.

아주 극악하고 악독한 사람이 킬리안 사진을 찍으면 검은색으로 나오고 이간질을 잘 한다든지 간첩 같은 사람은 회색 오로라가 나온다고 합니다. 그래서 회색분자라고 합니다.

청색, 녹색, 바다, 하늘색은 건강의 오로라이고 붉은색은 정열적인 오로라입니다. 고승들을 보면 가사 장삼에 고동색을 입고 있는데 고동색 가사 장삼은 고승의 오로라 빛깔을 나타냅니다. 가령 교황이나 종정, 성철 큰스님 같은 분들은 오로라가 아주 밝고 맑은 흰색이 나옵니다. 그리고 대 성인이신 예수 그리스도나 부처님은 황금빛 오로라가 나온다고 합니다.

부처님은 황금빛인데, 석가모니부처님이 살아 생전에 피부색이 황금빛이었을까요? 법당에 모셔둔 부처님이 황금빛인 것은 황금빛 오로라를 나타내고 있다는 것을 뜻합니다. 피부색이 아니고 오로라의 색입니다. 고찰이든지 고승이 많이 난 곳의 아주 유명한 부처님은 자금색 오로라를 나타낸다고 합니다.

우리는 각자 어떤 오로라가 나올지 한번 생각해보세요.

고승은 가까이서 바라보기만 하면 됩니다. 가까이서 바라보면 고승의 오로라가 우리들에게 전해져 환희심이 일어나도록 해 줍니다. 사람은 오로라가 사방팔방 8미터까지 나온다고 합니다. 내가 탁한 오로라를 가지고 있으면, 고승을 가까이서 친견만 하면 내 오로라를 맑게 청소해 줍니다. 그래서 고승은 '친견한다' 고 말합니다. 친견할 때 심광이 사무치기만 하면 됩니다. 고승을 많이 친견하면 저절로 자신의 탁한 오로라가 닦아집니다. 저절로 성실하고, 부지런해지며, 기억력이 좋아지고, 판단력이 좋아져 지혜롭게 생활하다보면 행복이 뒤따라 오는 것입니다.

수행을 많이 하신 스님을 가까이서 대한다고 하는 것은 바로 자신의 탁한 오로라를 청소하는 길입니다.

고승뿐만이 아닙니다. 우리가 삼사순례로 절에 가면 굉장히 맑고 좋은 오로라가 있습니다. 그러니까 그냥 도량만 스쳐 지나가도 좋은 오로라를 받습니다. 절에서는 새벽부터 도량석을 하여 도량을 청정하게 하고, 법당에 가면 기도를 하고, 경전을 독송하는데 그 경전이 전부 진리의 말씀입니다. 이 진리의 오로라가 굉장한 오로입니다. 부처님 복장을 보면 그 안에 경이 많이 들어있습니다. 황금으로 쓴 경이나, 먹으로 쓴 경 등 경經 그 자체가 굉장한 오로라이입니다. '진

리의 오로라.'

여러분이 불경을 읽지도 않고 책상에 그냥 놔두면 그 방에 마가 범접하지 못합니다. 그 경에서 나오는 오로라가 삿된 오로라를 제압하기 때문입니다. 진리의 오로라, 진리라고 하는 것은 사랑이 가득 찬 것을 말합니다. 우주 만물과 화합하고 서로 사랑하는 이런 것이 모두 진리입니다. 경전을 수지독송하고 외우면 진리의 오로라가 나옵니다 그래서 불자들이 집안에 '불佛'자나 '반야심경' 액자를 걸어둡니다. 대중의 오로라도 굉장합니다. 가령 법회 때 노보살들이 큰 스님들이 설법을 할 때 그때는 알아들었는데 돌아서면 잊어버려도, 그 진리의 오로라, 설법의 오로라를 듣고 환희를 느끼고 불법승에 귀의하게 됩니다. 그러면, 자기가 오로라가 나왔을 때 옆 사람에게 전달되고 그게 뭉쳐서서 큰 힘이 됩니다. '대중의 오로라'가 중요한 것입니다. 집에서 혼자 경전을 보고 기도하는 것보다 대중이 모여, 함께 공부하는 자리에 한 번 나오는 것은 굉장한 오로라를 받는 기회입니다.

그리고 우리가 가정에서 가족의 이야기에 기분이 좋을 때는 아주 맑고 좋은 오로라가 생기지만, 남을 미워하고 싫어하면 그 오로라가 어두워지고 탁해집니다. 아침에 주부들이 밥을 할 때나 음식을 준비할 때 괜히 화가 나서 칼질을 시끄럽고 신경질적으로 하면 자기 몸에서 신경질 오로라가 나옵니다.

고운 마음으로 음식을 해야 좋은 오로라가 나옵니다. 짜증난 마음으로 음식을 하면 그 음식이 어떨까요?

무엇을 팔고 사든지 만들든지 할 때도 좋은 마음으로 좋은 오로라를 항상 심어주어야 합니다.

주부들의 역할이 아주 중요합니다. 아침에 식구들이 일어나기 전에 먼저 일어나서 창문을 열고 대자연의 오로라를 받아들이고, 자기가 먼저 기도를 하거나, 염불을 하거나, 진언을 외우면 그 진리의 오로라가 가정에 퍼진 가운데 다른 가족이 일어나면 더 좋습니다. 잠잘 때도 다 잠들고 나서 주부가 하루 일과를 정리하고 기도나 염불, 진언을 하고 자면 그 가정에 좋은 오로라가 그대로 남아있습니다.

기도라는 것은 아침이나 새벽에 하는 것이 좋고 잠자기 전에 5분, 10분이 제일 좋습니다. 자기가 잠자기 전에 진리의 오로라와 파장을 맞춰 놓으면 밤새도록 그 사이클이 고정이 되어 밤새 축적됩니다. 신경질 내고 울다가 잠을 자면 신경질 오로라가 밤새 축적이 되는 것입니다. 이런 사소한 습관은 아주 중요한 이야기입니다.

성지순례를 하는 경우가 있는데, 성지순례를 공연히 하는 것이 아니고 성인의 오로라를 만나기 위해 순례를 하는 것입니다. 성인이 탄생한 곳, 성인이 살아온 곳에는 성인의 오로라가 세월이 아무리 지나도 그대로 있습니다.

대자연의 오로라는 아주 굉장합니다. 숲속이나 바다 등 대자연의 오로라를 만나는 것도 아주 좋습니다. 우리가 산에 오르다 보면 돌무더기에 소원을 빌면서 정성스럽게 돌을 쌓아 올립니다. 그냥 지날 수도 있겠지만 혹시나 하고 '부모님 건강하고 오래 살게 해주세요, 자식 공부 잘해서 시험 잘 치게 해주세요, 남편 사업 잘되게 해주세요' 하고 돌을 얹으면서 빌어 보았을 것입니다. 그러면 자기는 한 사람의 소원 오로라를 쌓았지만, 그 전에 몇천 명, 몇만 명이 돌을 쌓아 놓은 사람의 숫자만큼 오로라가 힘이 되어 같이 플러스알파가 되어 나에게도 오로라가 옵니다. '소원 오로라' 입니다.

실험을 했는데, 건강한 나무 잎사귀에 '킬리안 사진'을 찍으니 아주 빛깔이 아름다운 발광이 나왔다고 합니다. 그런데 그 잎을 가위로 잘라버리고 그것을 다시 촬영하니 그 잘린 곳에 검은 빛깔이 나오고 발광하는 것이 불투명했다고 합니다. 아름다운 발광의 색채가 나오는 것을 그린 쌈이라 합니다.

꽃의 씨방은 언제나 금빛 오로라가 나오고 수술은 청색 오로라가 나옵니다. 꽃을 소중하게 대하는 것도 오로라를 담는 것입니다. 하루 중에는 새벽이 오로라가 가장 좋습니다.

새벽에 새들이 노래하고 꽃이 핍니다. 오로라가 가장 맑고
좋을 때 기도하는 것이 제일 좋습니다.

인간의 모습이 된 것은 약 13억 5천 만년쯤 된다고 합니다.
인간의 세포가 이렇게 나타나기 시작한 것은 45억 년쯤 되
고 지구는 약 43억 년쯤 됩니다.

그러면 인간의 세포, 인간의 본체는 지구보다 오래되었고
아마 다른 곳에서 오지 않았나 하고 과학자들이 유추하고
있습니다.

인간의 육체는 본래 주인공, 본래 자기 생명의 도구입니다.
뇌세포는 150억 개 정도 되고 세포는 약 60조 정도 된다고
하니 그것을 원자로 분석하면 아마 천조억 개나 된다고 합
니다. 이 뇌가 기억할 수 있는 능력은 15조 가지 정도라고
합니다.

인간이 태어나 죽을 때까지 보고, 듣고, 느끼고, 생각하고
하는 것이 쌓인 것의 숫자는 아무리 많아도 15프로도 안 된
다고 합니다. 우리 모세혈관과 대동맥을 다 합한 거리가 약
15만킬로미터로 지구 네 바퀴를 돌 수 있는 거리입니다. 적
혈구가 한 25조가량 있고 백혈구는 한 500억 개가 있는데
백혈구는 외부로부터 침범한 세균을 죽입니다.

우리가 알아야 할 것은 마음이 맑으면 영기가 맑아지고 신
령스러운 기운이 맑아지므로 천심, 순진한 마음을 가져야
한다는 것이며, 거꾸로 악심이 가득하면 추하고 악취가 난

다는 것을 알아야 합니다.

자기를 정화하는 방법은 오로라를 맑게 하는 것입니다. 이 것은 그냥 친견만 하면 됩니다. 법당에만 오면, 절에만 오면 진리의 오로라가 가득 차고 부처님의 자금색 오로라가 나오고 있으니까 탁한 것이 없어집니다.

이 육체는 항상 깨끗한 상념에 의해서 정화되고 또 이런 염파의 정화작용이 육체의 조직을 탁한 것으로부터 점점 청명하게 합니다.

인생살이는 자기가 생각하는 대로 실현됩니다. 자기가 무엇을 생각하면 자기 인생에 바로 연계가 되어 생각하는 쪽으로 변화가 옵니다. 그러니까 소원하는 것은 반드시 이루어지고 이루어지지 않는 것이 오히려 기적입니다. 건강은 본래 모습이고, 병은 기적입니다. 병이 있는 것은 당연하다고 생각하는데 그것은 아닙니다. 병은 살아오는 동안에 미워하고 원망하고, 싫어하는 감정들이 모여 병의 원인이 됩니다.

내가 병이 났다하면 내가 누구를 미워한 것이 없는가, 싫어한 것이 없는가, 원망한 것이 없는가, 어떤 일에 내가 싫증을 느끼거나 탓한 마음이 없는가를 돌이켜보면 알게 됩니다. 남을 미워하는 마음을 가지고는 행복할 수가 없습니다. 그런 마음이 있다는 것은 내가 남을 사랑할 마음이 가득 차

있다는 것을 가르쳐주는 것입니다. 내가 어떤 일이나 대상을 두고 미워하면 불편하고 부조화가 오는 것은 당연한 것입니다.

'만물과 화합하고 대조화를 이루어라.' 부부가 사이가 좋은 것이 정상이고 그렇게 되도록 해야 합니다. 부부뿐만 아니라 어떤 인간관계도 마찬가지입니다. 고부간이거나 친구간이거나 동료이거나 간에 화합하고 조화를 이루어야 됩니다. 자기가 생심을 가지고 있으면 좋은 관계가 이루어지기 마련입니다.

우리가 마음을 어떻게 가지면 자신이 좋은 오로라를 가지는 생심덩어리가 될까요?

마음은 밭이고 생각은 씨앗입니다.

생각은 주인공이 시키는 것이니까 씨앗입니다. 그것을 마음이 씨앗을 받아서 갈고 닦아 그것이 성취되거나 안 되거나 하는 그런 판결이 있습니다. 중요한 것은 자기 자신은 완전 원만한 무한 능력자라는 것이다. 완전 원만하고 무한한 능력을 가지고 있다 라고 확신하는 것이 중요합니다. 우리의 운명은 문득 생각하는 것에 의해 결정된다고 합니다. 문득 생각한 그것은 잠재의식, 자기의 대부분을 차지하는 잠재의식의 일부가 만든 것이므로 우리에게 생각이 있으면 5프로 정도는 현재의식이고, 이 95프로는 잠재의식입니다. 이 잠재의식이 문득 현재의식으로 표출되기 때문에 이 잠재의식이 생심으로 충만해야 됩니다.

잠재의식이란 것은 지금 누가 보고 싶다고 생각하면 그 사람과의 역사라든지, 그 사람과의 관계라든지, 그 사람을 보고 싶어 하는 마음이 잠재의식 속에 있다가 현재 의식으로 나타난 것입니다. 이 잠재의식은 지금까지 우리가 살아온 모든 일어난 일, 보고 듣고 느끼고 생각하고 한 그것이 차곡차곡 쌓여 의식의 창고 속에 간직되어 있습니다. 그것을 아뢰야식이라고 합니다.

이 아뢰야식은 마치 서랍을 많이 가지고 있는 장롱처럼 창고에 차곡차곡 재어놓은 상태입니다. 현재 의식이라고 하는 것은 이 잠재의식이 나오고 못 나오고 하는 문지기로 마음의 문지기입니다. 우리가 잠재의식 속에서 어떤 어두운 생각이 꽉 차 있고, 또 살심이 많이 있어서 남에게 따지고 비판하고 미워하는 마음이 많이 있다면 그 사람은 운명적으로 병이 나고 불행할 수 밖에 없습니다.

우리 마음은 습관성이 있어 한번 '슬프다' 라고 생각하면 '슬프다, 슬프다' 라고 리듬을 타게 되어 슬픈 인생이 됩니다. 화를 잘 내고 불평을 잘하는 사람은 그 성내는 마음이 잠재의식 속에 꽉 차 있습니다. 그것이 지옥입니다. 나쁜 일은 나쁜 곳으로 파장을 타서 중첩이 됩니다. 이럴 때 우리는 어떻게 해야 하느냐? 그것을 소식으로 받아들여야 합니다. 한 가지 나쁜 일이 일어나면, '아, 이것은 소식이다.

내가 여기서 빨리 생심으로 바꿔야 한다,' 라는 것을 알아차려야 합니다.

흔히 살심으로 마음이 가득해 있는 사람은 언제나 불길한 예감이 마음속에 가득 가지고 있습니다. 어떤 일을 할 때 '잘 안될 건데, 그날 날씨가 안 좋을 건데' 이런 것이 꽉 차 있습니다. 반대로 행복한 사람은 늘 즐겁다, 기쁘다, 참 좋다, 맛있다, 운이 있다는 생각이 꽉 차 있습니다.

만약 '불길한 예감이 들어왔다, 나쁜 일이 일어날지도 모른다' 하고 살심이 일어날 때는 부처님이나 하나님에게 맡기세요. '부처님 해결해 주세요.' 이렇게 맡겨 버립니다. 부처님은 좋은 것만 해주지 방해하고, 해롭게 하고, 병을 주지는 않기 때문입니다.

지병을 가지고 있는 사람은 '착한마음'부터 가져야 합니다. 병을 오래 앓고 있는 사람은 마음이 굳고 딱딱하여 좀처럼 낫지 않습니다. 생심을 먼저 불어넣어야 합니다. 자신 속에 있는 나쁜 마음을 자기 속에서 빨리 떨쳐야 합니다.

우리가 염불을 하면 관세음보살의 오로라가 자기화 되고 관세음보살의 파장이 자기화 됩니다. 관세음보살은 따지고 비판하지 않습니다. 염불하면 관세음보살의 오로라를 내가 받게 되는 것입니다. 자기 잠재의식 속에 살심 염파가 있는 사람은 혹시 다른 사람이 '거룩합니다', '훌륭합니다', 이러면 속으로 '아닌데요' 한다. '거룩합니다' 하면 부끄럽지만 '감사합니다' 해야 됩니다.

잠재의식을 아주 좋은 생심으로 쌓는다는 것이 대단히 중요합니다. 출세를 하고 재산을 많이 모은 사람들은 자기 잠재의식 속의 나는 '운이 좋다, 나는 하는 일이 다 잘 된다.' 이런 잠재의식이 들어 있습니다. 못사는 사람들은 '나는 하는 것마다 잘 안 된다'는 잠재의식이 들어있습니다. 어떤 일을 계획할 때 안 되는 것부터, 나쁜 것부터 생각하는 사람은 살심이 차곡차곡 쌓이게 됩니다. 잠재의식이 얼마나 중요한가를 실례가 있습니다.

어떤 천재 시인이 손금을 봤는데 "당신은 살림이 넉넉하지 못하고, 오래 살지 못한다. 운이 안 좋구나."라는 말을 들었습니다. 그 사람은 29살에 죽게 되었습니다.

건강하고 싶으면 '나는 건강하다, 감사합니다, 나는 건강해서 감사합니다' 하면 건강한 인생을 살고, 내가 부자가 되고 싶어 '나는 부자다'라고 있는 것만 늘 생각하면 풍족한 인생이 됩니다.

어떤 사람이 "선생님, 나는 부자다" 아무리 해봐도 안된다고 하는데 그 사람은 끝까지 최선을 다하지 않고 하다가 그냥 둔 사람입니다. 한두 번 해보고 효과를 바라지 말고 그것이 이루어질 때까지 기도해야 합니다. 기도는 마음 먹으면 벌써 이루어진 것입니다. 어떤 것을 이루고 싶다 소원하면 그 소원한 것은 이미 이루어졌습니다.

명상의 생각이 시공을 초월한 것이기 때문에 내일이 되든지, 10년이 되든지 이미 이루어진 것입니다. 생각을 한 것은 현실로 나타나므로 '감사합니다, 감사합니다, 이루어져서 감사합니다' 이런 마음이 되어야 합니다.

기도는 청정한 사람일수록 잘 이루어집니다. 탁한 사람은 현재의식이 강한 사람, 다시 말해 상식의 마음이 강한 사람, 알음알이가 강한 사람, 그런 사람은 방해합니다. 알음알이 그 자체가, 똑똑하고 영리한 사람일수록 현재의식이라는 문지기가 튼튼해서 쉽게 이루어지지 않습니다.

특히 종교에서는 돈 많은 사람, 머리 좋은 사람은 뒤로 제칩니다. 돈에 집착하는 사람은 무엇이든 돈으로 해결하려 하고, 권력 좋아하는 사람은 권력으로 해결하려 합니다. 어린 아이들은 현재의식이 거의 발달해 있지 않기 때문에 믿는 대로 순진하게 이루어집니다.

오래 전에 '유리 겔라' 라는 기인이 우리나라에 왔었습니다. TV에 나와서 쇠젓가락으로 염력을 이용해 휘어져라 하면 휘어지는 대단한 분이었습니다. 가정에서 실험을 하는데 젓가락을 놔두고 아이들은 '휘어져라' 하면 다 휘어졌는데 어른은 안 휘어졌습니다. 흔히 말하는 알음알이가 가로막았다 라고 합니다.

요즘은 어린아이들도 현재 의식이 상당히 발달해 있습니다. 현재의식을 희박하게 하는 것은 어리면 어릴수록 더 좋

고, 태교, 태아 교육 때부터 잠재의식을, 생심을 많이 넣어
주면 좋습니다.

만약 이 찻잔 속에 물이 가득있는데 여기에 탁한 물이 있으
면 우리가 어떻게 하면 맑게 할 수 있을까요? 맑은 물을 자
꾸 부으면 저절로 희석이 되어 맑아지겠죠. 차가 아주 맑은
것이기 때문에 차를 자꾸 마시면 정신과 육체가 맑아집니다.

평소에 고맙다, 즐겁다, 기쁘다, 행복하다, 사랑한다, 운이
좋다, 잘 된다 이런 생각을 자꾸 하면 생심이 쌓이는 것과
같습니다. 탁한 물을 빨리 편하게 깨끗하게 하려면 이 찻잔
의 물을 완전히 버리고 새 물을 부으면 제일 빠릅니다. 탁
한 것을 빨리 맑게 하려면 이 탁한 것, 내 마음속에 있는 살
심을 완전히 부어버리면 제일 빠른 방법입니다. 좋은 것만
받아들이면 되는데 그렇게 하는 행위가 정심행입니다.

우리 마음속에 있는 원망이라든지, 미움, 슬픔, 그런 어두운
생각들을 한꺼번에 비워내어 버리면 됩니다. 지금까지 마
음속 깊은 곳에 있어서 차마 말을 하지 못했던 것, 잊어버리
고 있었던 것 그런 살심을 모두 끄집어내서 비워버려야 합
니다.

생심을
갖고
유지하기

'미운 마음이 없어졌다, 좋아졌다.' 라고 생각되면 그 사람은 정심행이 잘 된 것이고, 여전히 미운 마음이 있는 사람은 정심행 자체를 믿지 못한 것입니다. 그런 마음이 자기 마음속에 있는 사람은 지금 이 자리에서 당장이라도 '그래, 살심을 완전히 씻어내야지' 하고 마음속으로 각오를 새로이 해야 합니다. 정심행이라고 하는 것은 마음속에 있는 모든 살심의 근원, 뿌리를 송두리째 뽑아내는 것입니다.

살심은 조금이라도 일어나서는 안 됩니다. 살심이 남아있는 것은 자기가 오랫동안 쌓아온 습관, 습속 때문입니다. 그러니까 마음이 갑자기 움직일 때, 그 살심의 습관적인 마음이 나타나는 경우가 있습니다. 그럴 때 스스로 '내가 살심을 일으켰구나' 하고 그 순간을 알아차려야 합니다. '내가 이 살심을 일으키면 안 되는데' 하고 반성하면서 빨리 생심쪽으로 돌려 놓으면 그게 정심행의 효과입니다. 어떤 경계나 사물에 대해서 처음에는 생심을 일으켰는데, 도중에 깜박하고 살심을 첨가하는 경우가 있습니다. 살심은 지옥이고, 생심은 극락입니다. 모든 순간에 빨리 극락으로 돌아와야 됩니다.

불가에서 '성불하십시오'라고 말하는 것은 '살심 없애는 노력을 하라'는 뜻입니다. 생심 덩어리가 되는 것, 다시 말해서 살심이 전혀 없는 상태가 신이고, 하느님이며 완전 원만한 부처님이며, 그것이 생각 말 행동으로 나투는 것입니다. '살심을 버리고 생심으로 돌아가야지'라고 하는 것을 보림이라고 합니다. 우리가 한 소식 얻었다, 깨달았다 해도 내가 얼마간 10년이면 10년, 백일이면 백일, 천일이면 천일을 보림을 하는 것입니다. 그렇게 해서 그 습생마저도 완전한 생심 덩어리로 돌려야 하는 것입니다. 정심행을 늘, 항상 해야 합니다. 순간순간, 정심하는 일이 보림입니다.

자기 마음이 어떤 경계를 당해도 거기에 미혹되지 않아야 합니다. 팔풍이라는 것이 있습니다. 이익을 볼 때 마음이 일어나고, 손해를 볼 때 비난받을 때 칭찬받을 때 이럴 때 마음에 바람이 불어온다는 것입니다. 그럴 때 마음이 흔들리지 않아야 합니다. 그저 '감사합니다' 하면 됩니다.

손해를 봤을 때 손해를 본 것을 붙잡고 있으면 병이 생깁니다. 그때 '감사합니다' 하면 그것이 사랑의 에너지가 됩니다. 그래서 우리는 기도를 하거나 정진을 할 때 참회를 합니다. 참회가 즉 법열이고 희열을 가지고 온다고 이야기합니다. 자기가 전날에 지은 허물을 뉘우치는 것을 '참'이라 하고, 다시는 그런 허물을 짓지 않겠다고 하는 것을 '회'라고 합니다. 참은 내부로부터의 뉘우침이고, 회는 외부, 밖으로부터 행하는 뉘우침입니다. 참회가 바로 생심 덩어리로 만드는 길이라고 이해하면 됩니다.

신은 완전 원만하고 무한한 능력자를 말합니다. 우리는 부처님, 예수님을 완전 원만하고 무한한 능력자로 믿고 있습니다. '나 자신은 신이 만든 것이고, 나 자신 속에 부처님이 계십니다. 그러니까 내가 완전 원만한 능력자다.'라는 믿음을 가지는 것입니다.

이 우주 전체는 완전 원만하고 무한한 능력이 있는 염파, 파장이 충만해 있습니다. 나도 완전 원만하고 무한한 능력자가 되려면 모든 불완전하고 무능력한 파장을 다 없애면 저절로 나타납니다. 그 염파와 우주에 충만한 무한한 공급과 파장만 맞추면 나도 무한한 지혜, 무한한 생명, 무한한 사랑을 가지는 무한 능력자가 된다는 것입니다.

가령 내가 '미인이 되고자 한다, 아름답고 싶다.'라고 원을 할 때는 '나는 미인이 될 것이다, 나는 미인이다'라고 결심을 해야 합니다. 그런 결심이 없으면 안됩니다. 사람은 육체가 주인공의 도구라고 했습니다. 인간은 고정해 있는 것이 아니고 계속 변하고 있습니다. '그 변하는 것을 아름다운 것으로 만들자' 라는 마음을 갖는 것입니다.

인간의 세포가 3년이면 현재 내 몸에 있는 세포가 모두 바뀐다고 합니다. 가장 딱딱하여 전혀 바뀌지 않을 것 같은 뼈도 15년이면 완전히 바뀝니다. 지금 내 몸은 15년 전에 있었던 육체의 어느 한 부분도 없습니다. 살이든, 뼈든 아무 것도 없다는 것입니다. 15년 전에서부터 조금씩 바뀌어 오늘에 이른 것입니다. 지금도 조금씩 바뀌고 있습니다. 머리카락도 하루에 몇 개가 빠지고 몇 개가 나고, 세포도 마찬가지입니다. 변하는 것을 아름다운 것으로 하자는 것입니다. 먼저 마음속으로 '아름다워지자, 나는 아름답다' 이렇게 자꾸 결심을 해야 합니다. 아름답다는 생각이 없이는 결코 아름다워질 수가 없습니다. 우리가 '아름다워질 것이다, 아름다워진다' 고 마음으로 결심을 해 보지만, 사실은 인간은 본래부터 본래 아름다운 것입니다. 그러니까 '나는 본래 아름답다' 그것을 확인만 하면 아름다워집니다. 그러니까 아름답다고 하는 생각의 밑바닥에는 '나의 본바탕은 원래 아름다운 것이다' 라고 생각을 해야지 '자기는 못났다, 도저히 나는 아름다워질 수가 없다' 고 생각하면 아무리 아름다워지고 싶어도 그런 생각이 밑바닥에 있는 한 미인 되기를 단념해야 합니다. 우리는 법신의 자식이기 때문에 못생길 수가 없습니다. 얼굴의 생김새, 조각, 그것이 아니라는 것을 알아야 합니다. 눈 코 입이 아무리 잘 생겨도 아름답게 느껴지지 않는 사람이 많이 있습니다. 얼굴 조각은 별로인데, 어쩐지 아름답게 보이는 사람들이 참 많이 있습니다. 그것은 마음이 얼굴에 나타나기 때문입니다.

결론적으로 아름다운 사람은 아름다운 마음의 주인공입니다. 자기가 못났다고 생각하는 사람은 '내 마음이 못났다'라고 반성해야 합니다. 내 마음이 잘나면 육체의 모습도 저절로 잘나지는 것입니다. 나는 본래 대우주의 가장 맑고 밝은 생명의 자식이기 때문에, 본바탕은 아름다울 수밖에 없고, 또 아름다운 것은 정상이고, 못난 것이 기적입니다. 그 정상적인 아름다움을 나타내야 하는 것이고, 반드시 이러한 진리를 알기만 하면 아름다워질 수밖에 없습니다. 우리 에테르 파장이 굉장히 아름다운 것입니다. 그 본체, 본원만 확인하면 내가 그림자로서 거울로서 아름다움이 나타납니다.

신상관이라는 것은 마음의 파동을 우주 대생명의 파동과 조율을 맞추는 것을 말합니다. 그렇게 하면 우주 만물 모든 것과 조화를 이루고, 마음의 평화와 대자유, 대자재를 느끼게 되고, 그런 곳에 안주하게 됩니다.

신상관은 우주 대생명의 파동과 내 염파를 일체화 시키는 일이 결코 주술이나 주문이 아닙니다.

내가 생심 덩어리가 되면 우주 대생명, 생심 덩어리와 일체화되어 무한한 공급, 무한한 생명, 무한한 지혜를 누릴 수가 있습니다. 완전 원만한, 그리고 무한한 능력을 가진 대우주의 실상, 그것을 신이라고 표현하기도 합니다. 부처님도 완전 원만하고 무한한 능력을 가진 대우주의 생명의 실상과 파장을 같이 하고 있습니다. 그렇기 때문에 부처님과 나와의 조율을 맞추고, 파장을 맞추면 바로 우주 대생명의 실상과 파장을 맞추는 것과 같아집니다.

부처님께 경배하고, 참배하고, 기도하고, 정진하면 부처님이 가지고 있는 오로라 파장이 자기와 맞추어져 일체화됩니다. 나는 부처님 앞에서는 우주 만물의 모든 것과 화합하고 일체화 된다는 생각을 가져야 합니다. '나는 모든 것과 화해하고 어떤 대상도 용서하고, 사랑한다.' '나와 우주 만물과의 사이에는 어떤 노여움도, 미움도, 불평도 없고 완전히 평화로우며, 본래의 일체로 돌아간다.' 라고 생각하며 우주 대생명과 나를 일체화 하려고 노력을 해야 합니다.

부처님은 바로 우주 대생명의 파장을 가지고 있습니다. 부처님과 나와 일체화 하는 것은 우주 대생명의 실상과 일체화하는 것과 같습니다. 우리가 기도를 하거나, 신상관을 할 때 '나는 우주 만물의 모든 것과 화합하고 일체화 됩니다. 나는 모든 것과 화해하고, 어떤 대상도 용서하고 사랑하노

라. 나와 우주 만물과의 사이에는 어떤 노여움도, 미움도, 불평도 없고, 완전히 평화로우며 본래의 일체로 돌아간다.' 그렇게 마음속으로 자꾸 다짐해야 합니다.

우주 안에 있는 어떤 대상과도 나는 일체화된다, '네가 즉 나고, 내가 즉 너' 입니다.

그렇게 하고 있는 동안 어떤 대상에 대한 미움도, 불안도, 공포도, 다 사라지고 일체의 평화로운 심정으로 돌아갑니다. 마음이 평화로워지고, 안정이 됩니다.

내가 미워하는 사람이 없으면 어떤 우주의 대상도 나를 미워하지 않습니다. 나는 우주 만물과 일체이고 대화합을 이루었으므로 우주 만물은 나를 위해 움직이고, 모든 지혜는 나를 위해 나타나 인도한다고 생각하십시오. 내가 우주 만물과 일체화 되고, 우주 만물을 사랑하면 우주 만물이 다 내 편이 되는 것입니다.

지구 반대쪽에 있는 누구에게 그 사람을 위해 기도하면 나에게도 나를 알지 못하는 수많은 사람들의 기도의 파장이 오게 됩니다. 소말리아의 굶주린 사람에게 내가 무언가를 보냈다면 나에게도 어디에선가 무엇이 옵니다. 그것이 즉 베풀면 베품을 받는다는 원칙이 바로 우주의 법칙입니다.

나는 우주 만물과 일체이고, 대화합이 이루어졌으므로, 우주 만물은 모두 나를 위해 움직이고, 모든 지혜는 나를 위해 나타나 인도한다고 생각합니다. 거듭 되풀이하는 동안 우주의 충만한 지혜와 일체화 됩니다. 가장 바르고 가장 맑고 가장 훌륭한 파장입니다. 부처님은 대자대비하시고 지혜로 우며 모든 것을 참고 견디고 계십니다. 우리 아버지, 어머니는 자식에게 대자대비한 존재입니다. 바로 부처님입니다.

그때, 남편은 아내와 자식을 한없이 사랑하고 또 아내는 남편을 사랑하고, 자식은 아버지를 존경합니다. 관세음보살입니다. 자식이라도 나에게 멋진 지혜를 가르쳐 주었다. 그때 자식은 문수보살이다. 아버지 어머니 남편 아내 자식 형제가 모두 부처님입니다. 그 참모습이 우리 각자 안에 들어 있습니다.

어떤 대상이라도 내가 화합하고 있는 동안에는 선기가 나오고, 내가 미워하고 있는 동안에는 거기서 악기가 나옵니다.

신상관이라는 것은 우주 대생명과 자기가 무아 일체가 되는 수행입니다. 모든 것과 화합하는 우주 일체의 파장과 내가 일체가 되는 것입니다. '나는 원수가 없다, 나는 미운 사람이 없다, 우주 만물과 나는 화합한다.' 이렇게 다짐을 하고 잠자리에 들면 우주 만물과 화합하는 파장이 자신에게 옵니다. 자기 전에 남을 미워하고 화를 내면 미운 파장, 살심의 파장이 자기에게 쌓입니다. 자기 전 5분, 아침에 5분이 아주 중요하니 정자세로 우주 만물과 화합하는 신상관을 하십시오.

꿈은 안 꾸는 것이 제일 좋고, 꿈을 꾸었다 하면 빨리 잊어버리는 것이 제일 좋다고 합니다. 자기는 닦지도 않고 꿈만 좋은 걸 바라면 안됩니다.

불가에는 유유상종이란 말이 있습니다. 천지만물과 화합하면 무한한 공급을 받습니다. 내가 무한한 공급을 못 받았다면 '내가 누군가를 미워하고 있구나, 무엇을 원망하고 있구나' 하고 반성하십시오. 이 우주에는 무한한 능력이 꽉 차 있고 자기 몸에는 자기를 운전하는 주인공, 참된 실상이 반드시 들어 있습니다. 그것이 무한 지혜, 무한 생명, 무한 공급, 무한 창조의 대 본원인 우주의 생명과 교류하는 것입니다.

진리를 믿지 못하는 사람은 완전 원만한 무한 공급을 받지 못합니다. 내가 참되고 맑고 밝으면 신시를 받고, 무한한 공급을 받는다고 확신하는 것, 믿는 것, 그것이 신심입니다.

절에 가면 제일 먼저 신심이 있어야 된다고 강조하는 것입니다. 내가 맑아지면 신의 계시를 받고, 무한한 공급을 받는다, 부처님의 지혜를 받는다고 확실히 믿는 것 그것이 신심입니다.

복권을 사지 않아도 자기에게 복이 오려면 다른 여러 가지

방법으로 온다는 사실을 믿습니다. 복권에 당첨이 돼도 망하려 하면 망합니다. 우주의 대 생명의 파장은 내가 필요하면 언제든지 내가 쓸 수 있다는 확신을 가지시길 바랍니다.

우리 내부에 염파를 보내고 우주 대생명과 조율을 잘 맞추면 최상의 행복을 누릴 수 있게 됩니다. 마음과 생명은 우주 대생명의 본원으로부터 연결되어 있고 그것은 융통무애融通无碍 합니다. 우주의 무한한 공급이 있는데, 내가 무한히 빼 썼다고 해도 무한히 남아있습니다. 어리석어 자승자박自繩自縛으로 못 오게 할 뿐이지, 그것은 흘러들고 흘러나가고 하는 것이기 때문에 마음이 자유로운 사람에게는 자유로운 상태가 되는 것입니다. 우리가 항상 대자유, 대자재를 기원합니다.
신상관은 내가 우주 만물과 화합해서 일체가 되는 것입니다. 그 어떤 대상에도 살심이 없고, 그것을 마음다짐으로 하십시오.

건강과 행복에 대해 말씀드리겠습니다.
건강하고 싶으면 웃으면 됩니다. 웃으면 건강해지고 웃음은 만병통치약입니다.
위장병은 왜 오겠습니까? 생각이 많으면 위장병이 옵니다.
생각 중에도 허망한 생각, 사치한 생각, 욕심을 부리면 위장병이 옵니다. 검소하고 소박하고 담백한 사람은 위장병이 없습니다. 또 남과 자꾸 비교하는 사람은 위장병이 옵니다.

병을 낫게하는 방편을 소개합니다.

첫째 항상 웃는 얼굴로 생활합시다. 웃으면 병이 낫습니다. 몸이 알칼리성 체질이 되기 때문입니다. 짜증내고 화내면 산성체질이 되고, 산성체질이 되는 사람은 병이 납니다. 우리가 체질을 바꿀 때 음식으로도 바꾸지만 웃는 훈련부터 먼저 해야 됩니다. 웃으면 혈액이 맑아지고 짜증을 내면 혈액이 탁해집니다. 걱정하면 혈액이 혼탁해지고, 순환기 계통이 나빠지며 심장병이 나고 심장 비대증이 옵니다. 얼굴이 붓는다든지 심장이 안 좋은 사람은 생각이 많고, 걱정이 많습니다. 남을 미워하지 말고 웃으면 맑아집니다. 웃는 사람은 얼굴이 환하고 오로라처럼 광채가 납니다. 여러 가지 병은 마음으로부터 시작된다고 합니다. 즐겁고 기쁜 마음으로 살면 혈액이 맑아지고, 건강해지며 혈액의 병도 환희심으로 치료할 수 있습니다. 환희심을 일으키면 혈액이 맑아지고 좋아지기 때문에 병이 있는 사람, 병을 막고자 하는 사람은 웃어야 합니다. 매사에 긍정적이고 생심을 일으키면 환희심이 일어날 수 밖에 없습니다. 이 우주가 환희 덩어리이기 때문입니다.

두 번째 항상 감사한 마음을 가져야 합니다. 감사하는 마음을 가지면 인간을 건강하게 합니다. 음식을 먹을 때도 '감사합니다' 라고 하면 저절로 맛이 나고 건강해집니다. 항상 감사하다는 마음을 자기화하고 있어야 합니다.

옛날에 어느 마을에 훌륭한 생불이라는 스님이 있었습니다. 그런데 그곳 유지 집안의 딸이 아버지는 누군지 모르는데 임신을 했습니다. 아버지께서 이 사실을 아시고 아이의 아비가 누구인지 엄한 질책을 했습니다. 딸은 말을 할 수가 없어서 고민 끝에 '우리 부모님은 절에 생불이라는 스님 말이면 무엇이든 믿더라.' 고 생각하며 '절의 스님입니다' 라고 했습니다. 그러니까 부모가 당장 절에 쫓아가서 '스님에게 시주했더니 딸이 임신하게 만들었다' 고 동네방네 이야기를 했습니다. 모든 사람이 부처님처럼 모시던 큰 스님이 동네 처녀에게 아이를 가지게 한 스님이라고 하여 공양도 안 들어오고, 신도들도 오지 않았습니다. 그래도 스님은 그저 '감사합니다' 자기를 욕하고 손가락질하고 미워해도 '감사합니다.' 하는 마음으로 그 어떤 변명도 하지 않았습니다. 그렇게 아이를 낳았는데, 처녀 부모가 아이를 데리고 절에 가서 던져주면서 '네 자식 네가 가져가라' 그러니 그 스님이 '감사합니다' 하고 받았습니다. 아이를 키우기 위해 온 동네 젖을 다 먹여 키우게 됩니다. 손가락질하고, 구박을 받아도 '감사합니다' 하고 젖을 얻어 먹이러 다니다 보니 절의 형편은 더 어려워졌습니다. 그러나 어려워도 '감사합니다' 하고 웃음을 잃지 않고 지냈지요. 3년이 지나 그 동네에 대 유지 아들이 군대를 마치고 자기 집에 돌아왔습니다.

그때 사실은 "제가 그 아이의 아버지입니다."라고 했습니다. 집안의 명예를 지키려고 스님에게 넘겨 버렸던 것입니다. 그러자 그 부모가 절로 쫓아가서, "스님은 자기 아이도 아닌데 왜 감사합니다. 하고 아이를 받았냐면서, 아이 내 놓으라고" 했습니다. 아이를 뺏어오면서 "스님, 왜 거짓말을 하냐"니까 스님은 '감사합니다,' 하면서 아이를 돌려 줍니다. 그러니까 3년 동안 고생을 했지만 그 두 사람이 진짜 부부가 될 수 있는 기회를 준 것입니다. 그 소문이 나니까 다시 절에는 공양이 줄을 잇고 불사가 일어났습니다. 그 스님은 감이 덜 익었을 때 아이들이 감을 따가면 "감이 다 익으면 따가라" 하고, 도둑이 들면 "자주 오면 다리 아프니 한 가마씩 가져가라" 그렇게 이야기했다고 합니다.

세 번째, '베풀어라 그러면 베풀어진다' 자기가 보시하면 보시를 받는다는 것입니다. 건강하지 못하는 것, 병이 있는 것도 자기 마음속에 빼앗는 것이 있어서 그렇습니다. 행복해지기 위해서 상대가 베풀어주기를 바라는 마음이 건강을 해칩니다. 자기 뜻대로 상대를 움직이고자 하는 마음이 즉 빼앗는 마음이고, 자신의 건강도 나빠지기 마련입니다. 부부끄리라도 상대가 자신의 마음대로 되어줬으면 하는 것도 빼앗는 마음입니다. 항상 자신이 상대방을 위해 무엇을 해야 하는가를 생각해야 합니다. 빼앗는 마음도 자신이 모르는 사이에 생활화되고, 습관이 되는 경우가 있습니다. 그러면 자신이 알지 못하는 사이에 병이 오고, 불행이 오게 됩니다. 자기가 행복해지기 위해서는 먼저 상대를 기쁘게 하는 마음이 있어야 합니다. 행복한 마음이라고 하는 것은 상대가 행복해지기를 바라는 마음, 그것이 행복한 마음입니다. 자기가 행복해지기 위해서는 먼저 상대를 행복하게 해야 합니다.

자기가 행복해지기 위해서 남편을 바꾼다면 불행해지기 마련입니다. 빼앗는 마음을 가지고 있기 때문입니다. 빼앗는 마음을 가지고 있는 사람은 빼앗는 마음을 가진 사람과 만나게 되고, 남에게 주는 사람은 항상 베풀어주는 사람과 만나게 됩니다. 자기가 욕심을 가지고 만나는 사람은 상대도 그런 마음을 가진 사람과 만나게 됩니다. 이것이 유유상종 類類相從입니다.

네 번째, 항상 비교하는 마음을 가지고 있는 사람은 병이 많이 생기기 마련입니다. 그런 사람은 항상 남편을 다른 사람과 비교합니다. 빼앗는 마음이기 때문에 병이 생깁니다. 완전 원만한 자기 자신의 모습은 가장 싫은 사람, 가장 미운 사람을 좋아하는 마음을 가진 사람입니다. 자기를 미워하고 괴롭히는 사람을 거두어주고, 그런 사람을 사랑하고, 그런 사람을 좋아하는 마음을 가져야 한다는 것입니다.

다섯 째, 병을 낫게 하려면 믿음을 가지고 정근을 하라는 것입니다. 자기 몸에서 매일 땀을 조금씩 나게 하면 탁기가 몸 밖으로 나갑니다. 그것은 운동을 해서 나가는 것이 아니고 자기의 착한 마음으로 고요히 기도를 해서 몸 밖으로 나가게 합니다.

우리가 천수경을 읽을 때 제일 먼저 하는 것이 '정구업진언淨口業眞言' 입니다. 구업이 제일 무섭다. 부처님은 말하자면, 모두 보살정신의 말만 강조하시므로 그것은 구업이 될 수 없습니다. 우리는 탁한 오로라를 가지고 있기 때문에 생각하고, 말하고, 행동하는 것이 탁할 수밖에 없습니다. 그래서 자신을 맑게 하기 전에는 가능하면 말하지 말라는 것입니다.

성철 큰스님이 열반에 드실 때, 내가 지금까지 살아가며, 생각하고, 행동하고 일으킨 것이 다 업이었다 살심이었다 그렇게 참회를 하고 가셨습니다. 큰 스님도 행여 살심이었을까 걱정을 하는데, 우리 보통 사람들은 사소한 말로도 따지고 비판하고 살심이 되니. '말 좀 적게 하라' 아픈 사람일수록 '남을 향해 말을 적게 하라, 말하지 말라.' 고 합니다.

여섯 째, 손해를 빨리 잊어버려야 합니다. 내가 손해나 손
실이 있으면 빨리 잊어버려야 합니다. 그것을 붙잡고 있으
면 병은 절대 낫지 않습니다.

일곱 째, 결코 의심하거나 비방해서는 안됩니다. 천상은 의
심이나 비방이 없습니다. 천상은 건강 덩어리입니다. 의심
하거나 비방하지 마십시오.

제4장

깨달음,

그 가르침의
길에서

무심하면 우주의 전체 에너지가 바로 강하게 나타납니다.
구름이 햇볕을 가로막는 것처럼 사념^{邪念}이 마음의 힘을 가로막기 때문입
니다.

일체유심조 一切唯心造

마음이 모든 것을 지어냅니다.

원효대사는 어릴 때 황룡사로 들어가 머리를 깎고 승려가 되었습니다. 34세가 되던 해에 원효는 8살 아래인 의상스님과 함께 공부를 좀 더 하기 위해 중국으로 유학을 떠났습니다. 하지만 고구려 땅을 거쳐 중국으로 가려고 하다가 고구려 군사들에게 붙들리는 바람에 뜻을 이루지 못하였습니다. 11년 뒤 두 번째 유학을 떠나기 위해 의상과 함께 백제의 옛 땅을 거쳐 바닷길을 통해 중국으로 가는 도중에 그만 날이 저물어 무덤 옆에서 잠을 자게 되었습니다. 한밤중에 목이 말라 물을 찾다가 바가지에 있는 물을 아주 맛있게 마시고 다시 잠이 들었습니다.

아침에 일어나 보니, 간밤에 마신 물은 해골에 고인 물이었습니다. 원효는 너무 놀랍고 역겨운 나머지 구역질을 했습니다. 그 순간 '모든 것은 마음이 지어낸다.' 라는 깨달음을 얻게 되었습니다.

해골에 담긴 물은 어제 달게 마실 때나 오늘 구역질 날 때

나 아무것도 달라지지 않았습니다. 다만, 어제와 오늘 달라진 것은 자신의 마음이라는 것을 깨달았습니다. "마음이 생겨나므로 모든 것이 생긴다."라고 읊었다고 합니다.

지난밤 잘 때는 토굴이라도 편안하더니
오늘 잠들 자리를 제대로 잡았어도
귀신이 사는 집에 걸려든 것 같았네.
아, 마음에서 일어나 여러 가지 법이 생기고
마음이 사라지면 토굴이나 무덤이나 마찬가지로다.
마음 밖에 법이 없는 걸 어찌 따로 구하리오.
나는 당나라에 가지 않겠네.

그러고는 원효는 신라로 되돌아 왔습니다.

모든 문제의 근본은 마음이다. 마음에 있다.
마음은 무엇이냐? 마음은 어떤 것이냐?
마음은 사념思念의 연속입니다. 사념은 오고 가는 손님에 불과합니다. 사념은 방문객이고 손님일 뿐 결코 주인이 아닙니다. 사념은 나를 찾아와 잠시 머물다가 떠납니다.
사념은 과거사의 집합체이며 미래에 대한 바람이고 생각이며 질병입니다.

마음먹은 모든 것은 다 이루어진다.

그러기 때문에 마음은 기적을 낳는다.

그래서 기도가 필요한 것입니다. 간절히 기도하면 기적도 이루어지는 것입니다. 마음은 긍정적인 마음을 가져야 합니다. 부정적인 마음가짐은 불행을 가져옵니다.

나의 本來面目 - 父母未生已前本來面目

本來心 -맑고 고요함 (淸淨寂靜)

本來淸淨自心- 맑고 깨끗함

본래本來는 처음부터, 원래, 근본 등의 의미로 천성적이고 자연적인 모습을 지니고 있는 상태입니다. 따라서 본래면목本來面目은 인위적인 행위가 가해지지 않는 것으로 시비가 없고 분별이 없으며 조작이 없고 생멸이 없으며 타고난 그대로의 모습입니다. 본래면목을 찾으면 곧 성불成佛입니다.

육조혜능六曹慧能 대사 〈단경壇經〉 첫 대목에 "깨달음 곧 보리의 자성은 본래부터 누구에게나 완전하게 갖추어져 있습니다. 그러므로 다만 그것을 그대로 활용할 수만 있으면 그것이 성불成佛하는 것입니다." - 자각自覺하라.

그것은 공空이고 무無이며 허虛입니다.

"그대는 어디에서 왔는가" "어디로 돌아 갈 것인가?"

가장 맑고 깨끗하고, 가장 조용하고 고요한 마음은
곧 무심無心이다.

나는 전지전능全知全能합니다. 그것은 내가 우주와 하나가 된
것입니다. 구름이 햇빛을 가려 어둡게 하고 흐리게 하듯이
전지전능한 나를 가려 흐리게 하고 어둡게 하는 것은 바로
사념思念에 집착하고 머무는 것입니다. 모든 사념에서 떠나
마음에 아무런 가림이 없고 흐림이나 어둠이 없는 상태가
바로 무심無心이며 무심無心의 경지가 되는 것입니다.
그것을 우리는 무심, 즉 마음이 비어 있어 공空, 허虛라고 합
니다.

무심하면 우주의 전체 에너지가 바로 강하게 나타납니다.
잘 안되는 것은 구름이 햇볕을 가로 막는 것처럼 사념이 마
음의 힘을 가로 막기 때문입니다.
사념이 가로 막아 우주의 에너지를 허비하지 않고 축적해
놓은 사람의 말은 모두 현실화됩니다. 즉 무심의 경지에 이
른 사람이 그대를 축복해 주면 그 축복은 현실이되어 나타
납니다.
기도를 열심히 하면 혼탁한 사념이 마음을 떠나게 되고 우
주의 에너지가 쌓여 현실로 나타나 기도가 이루어지는 것
입니다. 즉 기도는 부정적인 사고와 사념을 제거하는 해독
제입니다.

무심을 이루기 위해서는 먼저 부정적인 사념과

태도를 버리고 긍정적인 사고를 가지도록 노력하라.

무심을 배우기 전에 철저하게 긍정적이어야 합니다.

그러기 위해서는 자기 자신이 어떤 형태에 있는지 잘 관찰
해야 하며 그 관찰을 잘 하기 위해서는 "깨어 있어라"고 합
니다.

자기가 하고 있는 사념이 어떤 것인지 관찰하기 위해서는
깨어 있어야 하는 것입니다. 그래서 올바른 기도가 필요한
것입니다.

기도란 만물에게 유익하고 축복을 보내는 것이어야 합니
다. 만물에게 그대의 자비慈悲를 보내는 것이어야 합니다. 기
도는 부정적인 사고思考와 사념思念을 제거하는 해독제인 것
입니다.

무심無心하고 무념無念하라.

그러기 위해서는 항상 깨어있으라.

참선 參禪

참선의 뜻

참선參禪과 선禪은 거의 동일한 의미로 선이 마음의 어떤 특정한 상태를 말한다면, 참선이라고 했을 때는 마음의 그 특정한 상태, 곧 자기의 본성을 참구한다는 적극적인 의미로 사용합니다.

오늘날 참선이란 용어는 간화선看話禪에서 주로 사용하지만 시대나 문맥에 따라서 뜻이 다양한 방식으로 변천하여 왔습니다. 일상에서 참선이란 말은 궁극적인 진리를 탐구하는 종교적인 실천 수행을 의미합니다.

그럼에도 불구하고 '참선'이란 말은 사람에 따라서 다양한 의미를 함축하고 있기에, 그것이 어떤 의미로 사용되는지 전후 맥락을 자세하게 살펴볼 필요가 있습니다.

연원 및 변천

참선에서 '선'이란 용어의 원류는 팔리어 'Jhana', 범어

'Dhyana' 입니다. 이것을 선나禪那로 음역하고 축약하여 '선禪'이라 한 것입니다. 선은 고요함과 같은 마음상태를 말하는데, 영어로는 'meditation'이나 'contemplation'이란 용어로 번역하여 사용합니다. 이것을 한글로 번역하여 '명상'이란 용어를 사용합니다. 선의 일본식 발음 zen을 사용하여 'zen meditation'으로 번역하기도 하고, 간화선의 경우는 'hwadu meditation(화두명상)'이라고 번역합니다.

내용

참선이란 용어는 오랜 역사 속에서 매우 다양한 방식으로 뜻이 변천되어 왔습니다.

첫째, 참선이란 혼란한 마음을 고요하게 한다는 선정禪定의 의미를 지칭합니다. 이것은 선이란 용어의 어원에 충실한 관점입니다.

선이란 용어는 주지하다시피 원어가 jhana(팔리어), dhyana(범어)입니다. 이것은 음역하여 '선나'로, 의역하여 고요할 정定으로 번역합니다. 곧 특정한 대상에 대한 집중에서 오는 마음의 고요함을 의미합니다.

이런 관점에서 보면 참선이란 마음의 고요함, 곧 선정에 든다는 의미입니다.

둘째, 참선이란 단순히 고요함에 들어간다는 의미뿐만 아니라 일상에서의 활발한 지혜를 드러낸다는 의미를 포함합니다. 화엄교학과 선종을 통합하려는 노력을 했던 송나라 승려 종밀스님(宗密 ; 780~841)은 전통 강원의 교재이기도 한 『법집별행록절요法集別行錄節要』에서 선禪을 '선정과 지혜의 통칭'이라고 정의하였습니다.

이런 관점에서 보면 참선은 단순하게 선정만을 의미하지 않고, 지혜의 작용을 포함합니다. 참선공부를 한다는 말은 새의 양 날개처럼 선정뿐만 아니라, 지혜를 함께 닦는 것을 말합니다. 정혜쌍수定慧雙修나 성성적적惺惺寂寂이란 말은 바로 이런 뜻입니다.

선이란 선정과 지혜를 함께 닦아서, 고요한 가운데 깨어 있고, 깨어 있는 가운데 적적하다는 것입니다.

셋째, 참선이란 주로 간화선에서 화두, 곧 '무엇이 나인가?'와 같이 자기의 본래면목本來面目을 참구하는 수행법을 지칭합니다. 이때는 몸과 마음보다는 제3의 관점인 인간의 본성, 본래면목에 대한 관심을 가지고 참구하는 것을 의미합니다. 고요함과 지혜와 같은 특별한 마음 현상[別境心所]을 중시하지 않는 것은 아니지만, 오히려 궁극적인 인간의 마음자리[心地], 본성에 초점을 맞춘 점에서 참선은 깨달음의 공부법입니다.

이것이 동북아시아에서 참선이라고 했을 때 가장 적절한 의미입니다.

현황

오늘날 참선과 명상이란 용어가 함께 사용되어 혼란을 주기도 합니다. 어떤 이들은 명상에는 본성에 대한 참구가 없기에 낮은 단계라고 말하고, 어떤 이들은 참선은 전문 수행자들만을 위한 고원한 상태를 추구한다고 비판합니다. 마음의 본질에 대한 깨달음을 추구하는 전문 수행자들은 참선이란 용어를 더 선호하고, 마음의 평화를 원하는 일반 대중은 근래에 명상이란 용어를 훨씬 더 잘 사용합니다.

의의와 평가

국어사전에서는 명상을 '눈을 감고 차분한 마음으로 깊이 생각함' 이라고 정의하고 있습니다.

'차분한 마음' 으로는 첫 번째 선정의 의미와 연결되고, '깊이 생각함' 은 두 번째 지혜의 작용으로 이해합니다. 하지만 이런 정의라면 세 번째에서 추구하는 인간의 본성이나, 영적 본질을 담지는 못합니다. 그렇기 때문에 참선과 명상은 확연하게 다른 용어라고 해서, 이들을 엄격하게 구분하는 것도 나쁘지는 않습니다. 하지만 간화선의 경우도 참선이란 동일한 어원 '선나' 에 기반하고 있기에 '명상' 의 범주와 다르지 않습니다.

세계보건기구(WHO)는 인간의 건강을 몸, 마음, 성품(영성), 사회라는 관점에서 설명하고 있습니다.

명상이 인간의 건강에 기여하는 좋은 도구라는 점에서, 성
품을 참구하는 참선이 가지는 함축적인 의미를 포섭하여
확장하는 대안도 현실적으로 중요하다고 봅니다.

수행修行과 기도祈禱
그리고
깨어있음

수행은 무심無心 무아無我의 훈련이고 수련입니다.

마음을 비우고 에고로부터 벗어나는 것이 수행의 중요한 요소이며 모두가 함께 행복해지는 길입니다. 그러기 위해서는 항상 깨어있어야 합니다.

매사에 주의를 기울이고 지극 정성을 다해야 합니다.

항아리에 물을 가득 채우고 머리에 이고 걸음을 걸을 때 물 한 방울도 흘리지 않기 위해 순간순간 아주 주의깊게 정성을 다해 몸을 움직여야 하는 것과 같은 이치입니다.

진정한 기도는 삶에 충실하는 것, 아침 산책을 하면서 의식을 가지고 걸을 수 있다면 그것이 기도입니다. 마루를 닦고 음식을 먹고 빨래하고 목욕하고 잠자는 등 일상생활을 제대로 하는 것이 진정한 기도라는 뜻입니다.

깨달음이란 이러한 삶의 참 이치를 알아차림입니다.

삶에 지극 정성으로 충실해야 함을 알아차린 것이 깨달음입니다.

환경과 조건의 변화와 함께 흘러가되 매 순간 주의깊게 지키고 있어야 합니다.

정성을 기울여 모든 것을 지극하게 하여야 합니다. 사물들 사이에 이것은 하찮고 저것은 아주 영적인 것이라고 차별을 짓지 말아야 합니다.

주의를 기울이고 지극하게 하면 모든 것이 영적으로 되지만 주의를 기울이지 않거나 지극하게 하지 않으면 일체가 비영적으로 됩니다.

그러나 지나치게 민감해서는 안됩니다. 민감하면서도 이완함도 가져야 합니다. 만일 내내 주의만 기울이고 있다면 얼마 안가서 지칠 것입니다.

24시간 내내 주의깊게 있을 수는 없습니다. 반드시 적당한 휴식이 필요합니다. 적당한 주의 깊음과 적당한 휴식, 그것이 중도中道입니다.

보다 주의깊은 사람은 성공하고 덜 주의깊은 사람은 실패합니다. 주의가 깊든 그렇지 않든 간에 필요한 것은 깨어있음입니다. 주의깊게 되려고 노력하면서 동시에 몸은 긴장하지 말아야 합니다.

몸은 휴식하면서 이완하도록 두어 내맡김 속에 있어야 합니다. 생활 속의 사소한 일들은 이완된 가운데 각성을 계속

하라는 뜻입니다. 이완된 주의깊음이 중요하며 아주 아주 이완되어야 하며 동시에 깨어있어야 합니다. 주의깊게 되려고 노력하면서 동시에 몸은 긴장하지 말아야 합니다.

생활의 사소한 일들에 이완된 각성 속에 있어야 합니다. 음식을 먹을 때 전적으로 드세요. 씹고 맛보고 냄새 맡고 향취를 맡을 때 놓치지 말고 전적으로 하라는 뜻입니다. 빵을 만지며 질감을 느끼고 빵의 냄새와 향취를 맡아 알아차리면서 빵을 드세요. 그것이 내안에 흡수되도록 놔두면서 의식 속에 머물러야 합니다. 그게 명상하는 것이고 그렇게 하는 것이 생활과 명상을 같이하는 것입니다.

옛날 한 수행자가 유명한 도인道人에게 명상을 배우기 위해서 찾아갔습니다. 그날 비가 와서 우산을 쓰고 가서 밖에 두고 들어갔습니다. 도인에게 인사를 하는 데 도인이 대뜸 우산을 신발 어느 쪽에 두었느냐고 물었습니다. 긴장한 수행자가 우산을 어느 쪽에 두었는지 미처 대답을 못하자 도인은 "너는 아직 명상적으로 살고 있지 않다."며 돌아가서 명상을 7년간 더 하고 오라며 그 수행자를 내쫓았습니다.

걸으면서 숨이 들어가고 내쉬는 것을 주의깊게 지켜보세요. 그것을 안으로부터 느끼고 발바닥이 땅에 닿는 것을 느껴야 합니다. 그리고 새들은 노래하고 태양은 빛나고 있음을 알아차려 보세요.

인간은 다차원적으로 감지해야 하고 그렇게 함으로써 지성이 성장하게 됩니다. 더욱 밝고 총명하고 생기에 넘치게 할 것입니다. 그럴 때 생명은 신神입니다.

오렌지 껍질을 벗기면서 다차원적으로 자각하세요.

주의깊음과 배려와 사랑과 전체성을 가지고서 오렌지 껍질을 벗고 거기서 풍겨 나오는 냄새를 맡고 느끼고 만지면서 부드러움을 느끼고 맛 보세요. 그 작은 오렌지가 의식의 특성으로 탈바꿈 합니다.

명상을 생활에서 분리시키지 말아야 합니다.

생활이 명상과 공존하도록 놔 두어 생활의 모든 기회를 명상으로 돌려야 합니다.

완전히 깨어서 민감하게 주의깊게 지켜보고 관조해야 하며 매사에 주의깊고 지극하게 해야 합니다.

매사에 주의를 기울이고 지극하게 하면 모든 것이 영적으로 됩니다.

매 순간 깨어있음이 각성覺性입니다.

매사를 있는 그대로 보아야 합니다.

그것이 본래인本來人입니다.

「지금 여기에 사는 것」이 행복의 지름길입니다.

이 뭣꼬
[是甚麼]?

이 뭣꼬[是甚麼]?

「이 뭣꼬?」가 무슨 말인지 아시겠습니까?

「이 뭣꼬?」하면 공부는 끝난 것입니다.

예부터 전해 내려오는 화두 또는 공안 중에 하나입니다.

「이 뭣꼬?」라고 하는 말은 「내가 이게 뭐꼬.」

다시 말해서 「내가 사는 것이 이 정도 밖에 안 되나?」 '이 정도' 그것은 무엇을 말하는 것일까요?

대답하기 전에 가만히 한번 생각해 보세요.

- 내 지위가 이 정도 밖에 안 되나?
  대통령 또는 대통령 마누라, 재벌 마누라 정도인데 그 정도는 아니라도 어디 나가서 부끄럽지 않을 정도라도 되면 좋겠는데
- 내 형편이 이 정도 밖에 안 되나?
- 내가 가진 돈이 이 정도 밖에 안 되나?
- 내가 사는 집이 이 정도 밖에 안 되나?

아파트라면 적어도 40평은 넘어야 되는데…

· 내 옷은 이 정도 밖에 안 되나?
· 내 차*는 맨 날 중작, 잘 해야 세작 정도 밖에 안 되고 등 등
· 자기가 생각하는 이 정도는 어떤 내용의 어느 정도였습 니까?

여러분이 생각한 이 정도가 형상, 모양, 색깔, 물질에 걸려 있다면 틀린 것입니다.

자기가 생각하는 이 정도가 겨우 이런 일에 화내고 성질부 리나, 이 정도 밖에 안 되나, 정도가 되면 좀 나은 편입니다. 내가 왜 그리 욕심이 많지? 이 정도 밖에 안 되나?

내가 상대에게 줄 수 있는 사랑이, 내가 상대를 용서할 줄 아는 아량이 이 정도 밖에 안 되나 정도는 되어야 조금 코 드가 맞아가는 것입니다. 내가 생각하는 영역의 한계가 세 계적이고 우주적이 되어야 좀 괜찮다 생각하게 됩니다.

조선시대 정묵대사는 하늘을 이불로 삼고 산허리를 병풍으 로 삼고, 달빛을 등잔불로 삼았습니다.

그 정도의 그릇이 되어야 큰 사람입니다.

'이 뭣꼬'는 자기의 참 모습에 비해서 '이 정도 밖에 안 되 나?'가 되어야 합니다. 명상이든지, 참선을 할 때 현재 자기

앞에 나타낸 모습을 있는 그대로 성을 냈다, 욕심을 냈다 불공평하게 대한다 등을 관하고, 그것이 참모습에 비해 어느 정도 가까운지 어느 정도 먼지를 정확히 가려내어 깨닫는 것이야말로 '진짜 이 정도 밖에 안 되나?' 가 되는 것이고 그길이 진짜 '이 뭣꼬' 이며 성불의 길로 다가가는 것입니다.

미국의 철학자 마르쿠제는 '우리가 살고 있는 이 시대를 풍요로운 감옥' 에 비유했습니다. 텔레비전과 신문과 먹거리와 에어컨과 냉장고와 세탁기 그리고 계산기에 매여 산다고 했습니다. 그것들이 없으면 못 사는 것이지요.

마르쿠제 박사는 우리들 자신이 그와 같은 감옥 속에 살면서도 그 감옥 속에 갇혀있다는 사실조차 모르고 있다고 통탄했습니다. 이 세상은 너무나도 좋은 것이 많고 아름다운 곳이라고 하지만 실제로는 눈에 보이지 않는 창살로 막힌거대한 감옥과 같다는 것입니다.

수많은 정보에 묻히고 자식에 부모에 가족에 핏줄에, 이래저래 인연 지어진 사람에 묶이어 살고 있습니다.

돈과 명예와 권력에 매달리어 산다. 그 뿐입니까?

과거에 매이고 희망이라는 꿈에 붙잡혀 살고 있습니다.

눈에 보이는 것, 귀에 들리는 것, 냄새, 맛깔스런 음식, 그리고 생각에 붙잡혀 집착이라는 번뇌 망상으로 살아갑니다.

그것이 바로 감옥입니다.

자신은 감옥에 갇힌 줄도 모르지만 그 감옥 속에서 갈등상황에 몰리고 쪼달려 끝내는 병이 되는 것입니다.

그게 다 자유자재해야 할 참모습을 잃었기 때문입니다.

우리는 거대한 감옥에 갇혀 산다고 합니다. 이 세상은 너무나도 좋은 것이 많고 아름다운 곳이라고 하지만 실제로는 눈에 보이지 않는 창살로 막힌 거대한 감옥과 같다는 것입니다. TV에 갇히고 수많은 정보에 묻히고 핏줄에, 사람에 묶여 살고 있습니다.

우리는 이 같은 거대한 감옥의 늪에서 벗어나야 합니다. 그것이 무지와 무능으로 온 세상을 깜깜하게 만든 칠통을 타파하는 해탈입니다. 해탈은 자유자재를 누리고 인생의 참다운 행복을 안겨줍니다.

병을 진단하고 치료하는 몫은 깨달음에 있다.

거대한 감옥이라고 하나 실은 그것은 지극히 좁은 세상입니다. 광활한 우주에 비하면 나라고 하는 세계는 너무 작습니다. 우리들은 누구나 자신만의 그 작은 틀에 갇혀 스스로의 한계를 넘지 못하고 벽에 갇혀서 삽니다. 그러면서도 스스로 자만하고 어리석기가 끝이 없습니다. 부끄러운 줄도 모르고 범부생활에 안착하여 무지와 고뇌의 하루하루를 살아갑니다.

전생도 이러하고 그 전생도 이러한데 영겁을 이대로 살 것입니까? 금생에 아니 지금부터라도 틀을 깨고 뛰쳐나가 해탈하고 자승자박의 틀을 벗어나 자유자재의 삶을 살아야 합니다.

자기가 감옥에 갇혀 있음을 알아차리는 것이 깨달음입니다. 감옥을 박차고 벗어나는 것이 해탈이라면 그 방편은 「깨달음의 길」밖에 없다. '내가 감옥에 갇혀 있구나' '이것이 나를 가두고 집착하게 하는 구나' '아! 내가 낚시줄에 걸렸구나.' 하는 의식 또는 그 인식이 깨달음입니다.

깨달음은 나 자신의 육체와 정신에 집착하여 매달리고 있는 번뇌 망상의 병을 스스로 진단하고 치료하는 것입니다. 깨달음을 올바로 진단하고 치료하기 위해서는 신근信根이 확실해야 합니다.

신근은 자를 재는 기준 즉, 잣대를 말합니다. 마음이 부처라거나 본래 성불해 있다는 것을 확실히 믿는 것이 신근입니다. 신근은 진리를 믿는 것, 진리는 우주만물이 하나이며 서로 사랑하고 있는 것을 말합니다. 그것이 「참모습」입니다. 참모습은 완전원만하고 전지전능합니다. 무한능력을 가지고 있고 그것을 발휘합니다. 무한능력 즉 무한한 생명, 무한한 지혜, 무한한 사랑을 가진 것이 참모습입니다. 참모습을 의식하거나 인식하는 것이 깨달음이고 참모습을 확인하는 것이 참선입니다. 그 깨달음은 참모습을 잣대로 삼아 육체와 마음의 병을 진단하고 치료하는 것입니다. 깨달음은 어떤 번뇌 망상의 의식에도 사로잡히지 않는 무의식의 상태, 즉 어떤 번뇌 망상의 시끄러움에도 개의치 않는 고요 속에서 가장 순수하고 깨끗하게 정화되어 있을 때 그 능력을 발휘합니다. 그래서 참선이라는 공부와 정진이 필요합니다. 참선은 깨달음을 효율적으로 잘 하기 위해서입니다. 중국 송나라의 고봉원요 선사(1238-1295)는 "본래 성불해 있는 본분 자리에서는 말길이 끊어지고 생각의 자취도 끊어져 자유자재할 뿐이지 따로 닦고 깨달을 것이 없습니다. 닦아서 깨닫는다면 머리 위에 다시 머리를 더 올리는 것과 같이 군더더기일 뿐이다."라고 했습니다. 즉 깨달음이란 참모습을 인식하고 확인만 하면 되는 것입니다.

조화로운 삶, 불완전을 사랑하다.
「자기에게 일어나는 어떤 문제도 그것은 자기 자신 때문이고 그 문제를 해결하는 열쇠는 자기가 가지고 있다.」
그 열쇠는 깨달음을 말하며 어느 누구에게도 맡길 수가 없습니다.
자기에게 일어나는 생사고락의 문제 즉, 죽음까지도 스스로 해결하도록 되어 있습니다. 세상의 모든 사물은 스스로 존재하고 살아가는 힘(능력)을 가지고 있습니다.

인생에 있어서의 삶이란 공부다. 살아가면서 만나는 모든 체험은 불완전을 사랑함으로 해서 완전에 이르게 하는 깨달음의 길입니다. 그것이 도道입니다.

인간은 완전한 것을 향해 지향하는 본성이 있습니다. 본성, 참모습을 둘러싸고 있는 대상과 사물들은 모두 허상입니다. 허상은 참모습에 이르는 길을 가로 막는 적이 아닙니다. 올바로 참되게 이끌어주는 영양제요 비료입니다. 허상으로 인해 나타나는 고통과 고뇌와 질병들은 모두 감사하고 사랑해야 할 대상이며 나에게 방해하고 해를 끼치는 어떤 대상까지도 용서하고 사랑해야 하는 과제들입니다.

어떤 미움의 대상도 감사하고 용서하며 사랑하는 동안에 서로에게 참모습의 묘약이 나타납니다. 미움은 사라지고 그리움으로 바뀌어 질병이 사라져 건강이 되찾아집니다. 그것이 조화로운 삶이다. 인생은 저절로 아름다운 것입니다.

끊임없는 복습만이 우리의 내면에 힘을 실어준다.

모든 종교의 가르침은 끊임없는 복습의 연장입니다.

가르침의 본질은 이미 우리가 다 알고 있는 것인지도 모릅니다. 마음을 비우고 이웃과 나누며 욕심과 집착을 버리는 것을 모르는 사람이 어디 있겠습니까.

그러나 그런 가르침들이 항상 내 가까이에서 살아 움직이
고 실천의 힘이 되어 내 존재 안에 숨 쉬도록 하기 위해서는
끊임없는 복습만이 우리 내면에 힘을 줄 수 있는 것입니다.
'나는 누구인가. 나는 무엇을 하고 있는가. 나는 무엇을 위
해 살 것인가.'를 항상 점검하며 살아간다면 가히 해탈하고
아름다운 인생 조화롭게 살아갈 것입니다.

구도 ^{求道}

[길을 청하다]

인쇄 2022년 4월 01일
발행 2022년 4월 15일

펴낸이 명노 윤석관
펴낸곳 맑은소리맑은나라
글. 자료정리 김윤희, 박현숙

출판등록 2000년 7월 10일 제 02-01-295 호
본사 부산광역시 중구 중앙대로 22 동방빌딩 4F
지사 서울특별시 용산구 한강대로 259 고려에이트리움 1613호
전화 051-255-0263 **팩스** 051-255-0953
이메일 puremind-ms@hanmail.net

ISBN 978-89-94782-92-8

값 17,000원